내가 하는 일은 정말 의미가 있을까

WORK 2nd edition Copyright ⓒ 2016 Lars Svendsen
All rights reserved.

Authorised Translation from the English language edition published
by Routledge, a member of the Taylor & Francis Group
Korean translation copyright ⓒ 2025 by mindbuilding
Korean translation rights arranged with Taylor & Francis Group
through EYA Co., Ltd.

이 책의 한국어판 저작권은 EYA Co., Ltd를 통해
Taylor & Francis Group와 독점 계약한 마인드빌딩이 소유합니다.
저작권법에 의하여 한국 내에서 보호를 받는 저작물이므로
무단 전재 및 복제를 금합니다.

내가 하는 일은 정말 의미가 있을까

초판 1쇄 발행 2025년 7월 30일

지은이 라르스 스벤젠
옮긴이 안기순
펴낸이 서재필

펴낸곳 마인드빌딩
출판등록 2018년 1월 11일 제2024-000136호
이메일 mindbuilders@naver.com

ISBN 979-11-92886-96-1 (03300)

- 책값은 뒤표지에 있습니다.
- 잘못된 책은 구입하신 곳에서 바꿔드립니다.
- AI 훈련을 목적으로 책을 사용하거나 복제할 수 없습니다.

마인드빌딩에서는 여러분의 투고 원고를 기다리고 있습니다.
출판하고 싶은 원고가 있는 분은 mindbuilders@naver.com으로
기획 의도와 간단한 개요를 연락처와 함께 보내주시기 바랍니다.

내가 하는 일은 정말 의미가 있을까

노동의 역사와 의미에 대하여

라르스 스벤젠 지음
안기순 옮김

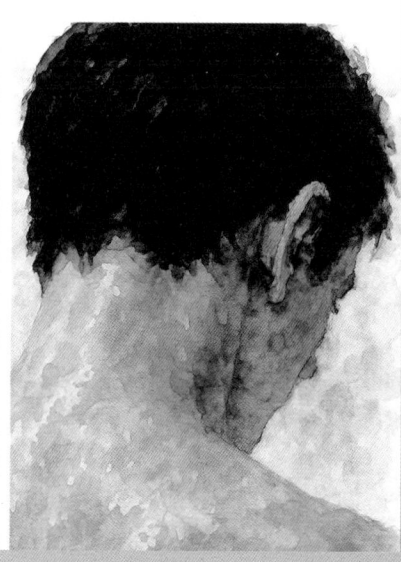

이 책에서는 노동이 자신의 삶에서
얼마나 큰 비중을 차지하는지
노동의 의미와 역할에 대해 짚어보고,
노동이 지닌 근본적인 가치를 생각하고자 한다

마인드빌딩

누구나 삶의 일부를 일터에서 보낸다. 이처럼 노동은 삶을 이루는 가장 일반적인 속성 중 하나다. 노동은 우리가 하고 싶어 하는 일들과 충돌하며 지루하고 따분하다는 느낌을 우리에게 자주 안긴다. 고대 그리스 철학자들은 일반적으로 노동을 저주라고 생각했으므로 노동은 짐이라는 개념도 믿었다. 하지만 연구 결과를 살펴보면 노동은 수명을 연장하고, 일반적으로 사람들의 신체적·정신적 건강을 증진한다. 어째서일까? 노동의 의미는 무엇일까? 노동은 어느 정도까지 개인의 사회 정체성을 결정할까? 노동에서 성취감을 얻을 수 있으리라 기대할 수 있을까?

이 책에서 라르스 스벤젠은 이러한 질문들을 포함해 더 많은 질문을 던지고 해답을 탐구한다. 그러면서 노동에 관한 감정을 재정비하고, 노동과 여가를 가로막는 벽을 무너뜨려야 한다고 주장한다. 노동은 늘 우리 곁에 있다. 하지만 에너지가 소진된다고 느끼지 않으려면 노동이 생산적이면서 에너지를 공급한다고 여겨야 한다. 다시 말해 훨씬 여가 같다고 생각해야 한다.

제2판은 국제금융위기 이후 내용을 보완하고 업데이트했으며, 노동과 세계화에 관한 장을 추가했다.

부모님께 이 책을 바칩니다.

차 례

제2판에 부치는 서문 008
서문 009

1

저주에서 소명까지

간략한 노동 철학사

029

2

노동의 의미

055

3

노동의 분배

087

4

노동과 여가

103

5

경영의 대상

131

6

임금

155

7

풍요로운 시대의 노동

173

8

노동과 세계화

195

9

노동의 종말

211

10

삶과 노동

229

참고문헌 243

제2판에 부치는 서문

2007~2008년 이 책을 쓸 때만 해도 제 생각은 낙관적이었습니다. 노동의 장래가 매우 밝다고 믿었고, 제가 유일하게 볼 수 있었던 그림자는 미국 가정이 지나치게 낭비하고 있어서 점점 빚의 늪으로 빠져들고 있다는 것이었습니다. 이런 상태로는 매우 오래 버틸 수 없겠다고 생각했습니다. 하지만 거대한 금융위기가 다가오고 있음을 보지 못했고, 이전에는 리먼 브라더스Lehman Brothers라는 이름조차 들어보지 못했습니다. 지금처럼 그리고 아마도 앞으로 상당 기간 성장률이 둔화하리라고 짐작하지 못했고, 최근 몇 년 동안 목격하듯 특히 남부 유럽에서 실업률이 급증하리라고도 전혀 예상하지 못했습니다.

저는 이 책의 초판에 썼던 노동의 역사·정의·의미, 일과 여가에 관한 내용은 약간 바꾸었지만, 풍요로운 시대와 노동의 미래에서 노동에 관해 서술한 이후 장들은 좀 더 철저하게 수정해야 했습니다. 또 새로운 장을 추가해 노동과 세계화를 간략히 설명했습니다.

2015년 오슬로에서
라르스 스벤젠

서문

1954년, 열네 살이던 아버지는 배관공의 견습생으로 조선소에서 일하기 시작했다. 노르웨이 남동부의 작은 산업 도시 모스Moss에 있던 그 조선소는 모스시 최대 기업으로 대형 유조선을 주로 제작했고 직원 수만 2,000명이 넘었다. 아버지는 열여덟 살에 정식 배관공이 되었고 일한 지 10년이 넘자 현장감독으로 승진했다. 하지만 다량의 석면에 노출되었던 탓에 건강이 나빠져 2002년에 결국 직장을 그만두게 되었다. 아버지는 평생 한 회사에서 일했다. 나는 항상 아버지가 조선소 일을 즐긴다고 생각했다. 하지만 아버지는 오후 3시 30분이면 어김없이 퇴근을 서둘렀다. 꼬마였던 나는 조선소 정문에서 아버지를 기다리다 함께 집으로 돌아오곤 했다. 아버지는 일과 사생활을 엄격하게 구별해서 직장 밖에서는 직장동료를 만나는 일이 거의 없었다. 물론 특별히 가까운 동료가 아프면 병문안을 가곤 했지만 그런 경우를 제외하면 일과 사생활을 엄격하게 구분했다. 그렇지만 아버지는 자신의 직업이 '의미 있는 것인지' 혹은 '진정한 자아'를 찾게 해주는지에 대해 고민하는 것 같지는 않았다.

아버지의 경력은 현대의 노동관과는 여러 점에서 상반된다. 현대의 노동관에서 노동은 의미 있고 즐길 수 있어야 하며, 직장동료는 동시에 친구여야 하고 직업은 자기실현의 도구여야 한다. 더욱이 새로운 기술이 발달하면서, 노동이 일어나는 장소와 시간에 관한 기준은 사라지고 노동과 여가의 경계가 흐려지고 있다. 현대인은 과거와 비교해 훨씬 빠른 속도로 직업을 바꾼다. 요즘은 평생 한 직업에 종사하는 사람은 거의 없고, 한창 일하다가 갑자기 직업을 바꾸는 경우도 흔해졌다. 또한 과거보다 평균수명은 늘어났지만 노동에 쏟는 시간은 줄었다.

나는 어느 정도 자아실현과 직접적인 관련이 있고, 매일 즐겁게 일할 수 있을 정도로 만족스러운 직업에 종사하고 있다. 하지만 머릿속에서는 심심찮게 '내가 하는 일은 정말 의미가 있을까? 평생 해야 할까?'라는 의문이 떠오르곤 한다. 대학교 교단을 떠나 더욱 가치 있는 직업을 찾아보면 어떨까라는 생각을 적어도 한 달에 한 번 정도는 한다. 아버지 세대와 내 세대의 노동관은 매우 달라서 서로 다른 세상에 속한다고 해도 지나친 말이 아니다. 하지만 직업상 경험을 놓고 볼 때 아버지와 나 사이에 공통점이 많은 것도 사실이다. 아버지는 일과 정체성에 대해 많이 생각하지 않았지만, 조선소 일은 자신과 타인에게 비치는 자신의 모습을 결정하는 중요한 부분 중 하나였다. 아버지에게 직업은 삶에 의미를 부여한 주요 원천이었다. 철학자로서의 내 직업도 물론 마찬가지다. 아버지와 나는 자부심을 가지고 직업에 대해 진지한 태도를 취한다. 우리 부자는 특별히 종교적 성향을 띠지는 않지만 프로테스탄트적인 노동윤리를 실천했다. 그러니 할 일이 없었다면 우리 부자는 정신이상에 걸렸을지도 모른다. 세상에 노동이 존재하지 않았다면 아마도 아버지와 나는 절망감에 휩싸였을 것이다.

노동이 없는 세상을 상상해보자. 그런 세상은 우리가 사는 세상과 매우 다르겠지만, 그렇다고 더 바람직할 가능성 또한 없어 보인다. 노동이 없는 세상에서는 직업이 반드시 개인의 정체성을 나타내는 도구로 사용되지는 않을 것이다. 새로운 무언가에 기반을 두고 사회관계가 형성될 것이다. 삶의 목적에 대한 인식도 사라질 것이다. 소비할 시간은 늘어날 테지만 그렇게 얻게 된 시간을 어디에 써야 할까? 자기 삶 전체를 다시 한 번 둘러봐야 한다. 어떤 사람들은 '노동의 종말'이 다가오고 있고, 일 없는 세상이 역사적 운명이라 주장한다. 나는 이런 견해에 동의하지는 않지만 흥미로운 생각거리를 제공하는 것만은 확실하다. 실제로 삶에서 노동이 얼마나 큰 비중을 차지하는지가 이를 통해 뚜렷하게 드러나기 때문이다.

이 책에서는 노동의 정치적 측면보다 실존적 측면에 초점을 맞추려 한다. 따라서 주로 직업이 갖는 의미에 대해 이야기할 것이다. 물론, 엄밀히 말하자면 노동의 정치적 측면과 실존적 측면은 '분석적으로' 구분되지 않는다. 노동과 정치는 존재하는 내내 서로 얽혀 있다. 그러므로 이것은 구분의 문제가 아니라 강조의 문제다. 이 책에서는 성, 사회 계급, 인종, 장애, 이주, 세계화 등의 주제를 광범위하게 다루지 않을 것이다. 철학적, 역사적, 사회적 출처를 다양하게 인용하겠지만 일반 독자에게 초점을 맞추려 한다. 또한 개발도상국에 대해서는 다음 기회로 미루고 우선 서구 사회를 중심으로 설명하려 한다.

철학자가 노동에 대해 무엇을 아느냐고 반문하는 사람도 있을 것이다. 결국 철학이 '진짜 일'처럼 보이지 않기 때문이 아닐까? 나는 사람들이 그런 의구심을 품는 이유를 잘 알고 있다. 정규직 철학자들은 대부분 철학자가 자신의 천직이라 생각할 것이다. 다시 말해 자신이 철학에 종사하며 살아갈 운명이라고 느낄 것이다. 반면에 정규직으로 철학을 하는 일을 천직 vocation이 아니라 영구적 휴가 vacation쯤으로 생각하는 사람들도 있을 것이다. 책을 읽고, 소파에 누워 생각에 잠기고, 글을 끼적거리고, 일반적으로 '심오하다'고 여겨지는 표현을 쏟아내는 모습을 보면 그다지 철학이 직업 같다는 생각은 들지 않는다. 그렇기 때문에 '진짜 직업'을 가져본 적이 있느냐고 내게 물어보는 사람에게는, 8년 동안 세탁소에서 시간제로 일했다고 대답하는 편이 더욱 적절할지 모른다. 하지만 고백하건대, 나는 존 로크 John Locke가 말한 학자는 정신뿐만 아니라 육체도 훈련해야 하므로 하루에 3시간씩 육체노동을 하는 게 좋다는 권고를 따르지 않고 있다.

직업을 학문적으로 다룬 글은 그 대상과 거리를 두고 있기 때문에 글이 다루고자 하는 주제와 실질적으로 연결되어 있지 않다. 따라서 학문의 일부인 경우를 제외하면 글의 내용은 다소 부적절해진다. 이런 위험성은 특히 철학자들에게 클 것이다. 진정한 철학은 경험에서 출발하고, 그런 뜻에서 철학은 기존의 의미나 경험에 대한 개념이다. 그러므로 철학은 기존의 것에서 내용과 정통성을 얻고, 정통성을 유지하려면 그런 관계를 유지해야 한다. 지나치게 학문적인 철학의 문제는 추상 관념에 빠져 애초에 철학적 사고를 이끌었던 경험을 보지 못한다는 것이다.

오늘날의 삶에서 노동의 역할을 이해하려면 과거 세대 사람들에게 노동이 어떤 의미였는지 살펴봐야 한다. 현재를 이해하려면 먼저 과거에 대한 이해가 필수적이기 때문이다. 100년 전의 노동자는 초과근무 수당을 받지 못했고, 유급 휴가도 누릴 수 없었다. 물론 건강보험, 연금, 고용보장, 실직수당도 없었다. 근무시간은 상당히 길어서 요즘의 직업은 부업 정도로 여겨질 정도다. 나는 현대의 노동 환경이 완벽하다고 주장하지는 않지만 그나마 과거에 비교한다면 상당히 만족스럽다고 생각한다. 따라서 노동 생활이 전반적으로 악화 추세에 있다고 믿는 사람들의 수가 그토록 많다는 사인이 이상할 따름이다. 퓨 리서치 센터Pew Research Center의 2006년 연구 결과에 따르면, 현대 미국인은 한 세대 전의 노동자와 비교해서 임금과 혜택이 적고 직업 보장 수준도 낮으면서 일은 더 많이 한다고 생각한다. 실제로 현재와 한 세대 전의 실질 임금과 근무 시간 그리고 실업률 등을 비교해보면 현대인의 비관론은 그다지 근거가 없어 보인다. 직업 보장 비율이 낮아진 나라는 많지만, 이는 대부분의 사람들이 타의가 아니라 자의로 퇴직하기 때문이다.

오늘날의 노동 생활에 대한 부정적 태도는 노동관의 일부로 볼 수 있다. 여러 언어에서 노동을 뜻하는 단어의 어원을 살펴보면 노동은 상당히 꺼려지는 활동이 있다. 프랑스어 travail이 특히 그렇다. travail의 어원인 라틴어 tripalium은 막대 세 개로 만들어진 고문도구였다. 그리스어 ponos는 슬픔, 라틴어 labor는 고역, 독일어 Arbeit는 고생과 역경을 뜻한다. 히브리어 avodah는 '노예'를 뜻하는 eved와 어원이 같다. 반면, 현대 사전에 수록된 노동의 뜻은 이만큼 부정적이지는 않다. 노동work을 사전에서 찾으면, '직업', '신체적이거나 정신적 노력을 수반한다', '그로부터 이익을 얻으려고 무언가를 해낸다', '특정 재료를 사용해 물품을 생산한다' 등을 뜻한다. 이런 표현에 따른 활동은 상당히 다를 수 있다. 예를 들어 특정 재료를 사용해 물품을 생산하지 않는 직업도 있을 수 있다. 이런 의미에서 '비생산적인' 직업이 많다. 또한 '운동work out'할 수도 있고, 심지어 '무언가를 없앨 수도 있다work something off.' 즉 '상황을 잘 해결해서working out' 불편한 감정이나 생각을 없애는 것이다. 이렇듯 '노동'이라는 단어에는 여러 가지 뜻이 있지만 이 책에서는 '직업'으로서의 노동을 좀 더 면밀하게 살펴보려 한다. 하지만 '직업'이란 용어도 모호하기는 마찬가지다. '직업'에는 '유급 직업'과 '사람이 해야만 하는 특정 임무나 일'이란 뜻이 포함되기 때문이다. 그러므로 '직업'을 정의하려면 '노동'이란 용어를 사용해야 한다.

『콘사이스 옥스퍼드 영어사전Concise Oxford English Dictionary』은 노동을 '목적을 달성하려고 에너지를 쓰거나 애쓰거나 노력하는 것'이라 정의한다. 하지만 노력을 필요로 하는 모든 활동을 노동으로 생각하지는 않는다. 테니스를 치는 활동은 육체적으로 힘들지만 노동은 아니다. 1640년대 과학자 로버트 보일Robert Boyle이 지적했듯이 '씩씩한 사람들이 기분전환을 위해 즐기는 테니스는, 보통 노동할 때보다 신체적으로 훨씬 힘들다. 사람들은 어떤 활동은 좋아하지만 다른 활동은 싫어할 수 있다. 활동에는 필요해서 실천해야 하는 활동과 선택해서 실천하는 활동이 있기 때문이다.'(Thomas 1999: 9) 10대 때 나는 한여름에도 매일 네다섯 시간씩 테니스 연습으로 경기력을 꾸준히 향상시켰고 마침내 많은 경기에서 이길 수 있었다. 하지만 나는 테니스에 천부적인 지능이 없었던 탓에 이를 보완하려고 힘들게 연습해야 했고, 열일곱 살이 되자 능력의 한계에 도달했다는 사실을 깨닫고 그만두었다. 개인적인 테니스 실력은 절정에 도달했지만 국내 최고 선수들의 수준에는 한참 미치지 못했기 때문이다. 나는 박사학위 논문을 쓰는 일을 제외하고는 어떤 활동보다도 열성적으로 테니스에 매달렸다. 그러나 테니스를 잘 치기 위해 아무리 노력했다 하더라도 그런 노력을 '노동'이라 부를 사람은 없다. 노동의 필수조건은 활동에 투입된 노력의 양이 아니다. 동생의 테니스 실력은 나보다 훨씬 뛰어나서 미국 내에서도 손꼽힐 정도였다. 동생은 프로 세계에 진출하기 위한 첫 단계로 정규직 선수가 될지를 놓고 한동안 고민했다. 결국 학업을 계속하기로 했는데 지금 생각하면 현명한 결정이었던 것 같다. 만약 동생이 정규직 선수가 되었다면, 그래서 테니스로 준수한 수입을 거둬들였더라면 테니스 치는 일은 '노동'으로 간주되었을 것이다.

경제학자 알프레드 마샬Alfred Marshall은 "대상으로부터 직접 얻는 즐거움보다는 이익을 획득할 목적으로 부분적으로 또는 전체적으로 겪는 신체나 정신 활동"으로 노동을 정의했다.(Marshall [1890] 1907:65) 이 또한 흡족할 만큼 명쾌한 정의는 아니다. 대체로 노동이라 생각하지 않는 활동에서도 만족을 느낄 수 있기 때문이다. 원해서 오랫동안 산책을 했다면 노동이 아니지만, 건강 유지를 비롯해 다른 이유가 있다면 그 활동은 즉시 노동으로 탈바꿈한다.

어떤 활동이 '노동'인지를 판단하는 데 반드시 필요한 조건은 돈일 것이다. 하지만 이 또한 흡족할 만한 기준은 아니다. 나의 어머니가 사회에 봉사하려고 여러 해 동안 회계사로 일한 경험은 '적절한 노동'이지만, 자식을 돌보느라 가정에서 보낸 세월은 '여가'일까? 아마도 어머니는 여가라 생각하지 않을 것이다. 좀 더 극단적인 예로 노예제도를 들 수 있다. 집안

일이 노예제도와 같다고 주장하는 사람도 있다. 노예는 임금을 받지 않기 때문에 노동하지 않는다는 주장은 불합리하다. 고대 이집트의 피라미드 건축부터 미국 목화 농장에서의 노동에 이르기까지 역사상 많은 활동이 무임금 노예의 손에서 이루어졌다. 따라서 돈을 포함시켜서는 노동에 대한 흡족한 정의를 이끌어낼 수 없다.

우리는 노동의 구성요소를 대부분 직관적으로 파악한다. 따라서 정의는 필요 없어 보인다. 선정성 시비로 법정까지 갔던 제이코벨리스Jacobellis 대 오하이오 사건의 판결을 예로 들어보자. 포터 스튜어트Potter Stewart 판사는 판결문에서 이렇게 선언했다. "어떤 종류의 자료가 선정적이라는 간략한 서술에 해당되는지 오늘 이 자리에서 정의하지는 않겠다. 아마 명쾌하게 정의할 수도 없을 것이다. 하지만 선정성 여부는 눈으로 보는 순간 알 수 있다." 우리는 대부분 무엇이 노동인지 아닌지 직관적으로 안다. 하지만 노동과 노동이 아닌 것과의 사이에 선을 긋기 힘들 때도 있다. 예를 들어 구걸은 노동일까? 대부분의 사람과 달리 조지 오웰George Orwell은 노동이라고 주장했다. 그는 『파리와 런던의 바닥 생활Down and Out in Paris and London』에 이렇게 썼다.

거지는 노동하지 않는다고 말한다. 하지만 대체 노동이 뭘까? 인부는 곡괭이를 휘두르며 일한다. 회계사는 숫자를 합산하며 일한다. 거지는 화창한 날씨에나, 궂은 날씨에나, 하지정맥이 툭툭 불거져 나와도, 만성 기관지염에 시달려도 문밖에 서서 일한다. 구걸도 다른 활동과 마찬가지로 노동이다. 물론 매우 무익하기는 하지만 그럴싸한 노동 중에도 무익한 활동은 많다. …… 현실적으로 보면 거지는 수중에 들어오는 것으로 생계를 유지하기 때문에 여느 사업가와 다르지 않다. 거지는 대부분 현대인 못지않게 자신의 명예를 지킨다. 단지 부자가 될 수 없는 노동을 선택하는 실수를 저질렀을 뿐이다.

([1993] 1972: 173)

나는 오웰의 견해가 맞다고 생각한다. 우리는 그동안 '노동'으로 분류해왔던 다른 모든 활동을 포함하면서도 구걸은 제외한 채로 노동을 정의하도록 강요당했다. 비록 임금을 받기는 하지만 사실 내가 종사하는 직업을 '노동'으로 분류하기 망설여질 때가 있다. 나는 대학교 사무실에 출근하지 않고 이틀 정도 집에 머물 때도 많다. 무릎에 고양이를 올려놓고 거실 소파에 편안하게 기대어 커피를 마시거나 담배를 피우면서 책을 읽기도 한다. 관심이 가고 재미있는 책이라 꼭 그때가 아니어도 시간을 내서 읽을 텐데 말이다. 아리스토텔레스라도 나의 이런 활동을 노동이 아닌 여가로 생각했을 것이다. 인류 역사를 보더라도 이런 활동을 노동으로 규정한 것은 전문 학자의 등장과 더불어 매우 최근에 나타난 현상이다.

근로자가 일정 시간 동안 공장에 머물며 공장 주인에게 노동력을 판매하는 경우처럼 특정 시대에서 노동과 비노동 활동은 명확하게 구분되었다. 또한 노동과 여가, 고용주의 시간과 근로자의 시간이 상당히 철저하게 분리되었다. 이런 현상은 직장과 사생활 공간의 분리와 밀접한 관련이 있다. 당시에는 노동이 시간과 장소를 기준으로 정의될 수 있었다. 물론 지금도 많은, 아마도 대다수의 근로자에게 적용되는 정의지만, 새로운 노동 유형이 등장하면서 근로자들은 더 이상 매일 특정 장소와 시간에 일할 필요가 없다. 수적 증가가 두드러진 '지식 노동자' 범주가 특히 그렇다.

지식 노동자의 일하는 시간과 일하지 않는 시간은 상대적으로 정확하게 구체적으로 구분하기가 어렵다. 여기에는 이동전화와 인터넷 같은 새로운 기술의 부상이 커다란 영향을 미쳤다. 이런 융통성 때문에 시간이나 공간상으로 노동과 노동이 아닌 것의 구분이 희미해졌다. 근무시간 자유선택제가 더 많이 보급

되어 근로자들은 과거 어느 때보다 개인 사정에 맞춰 노동시간을 조절한다. 또한 일을 하는 한, 일하는 장소는 중요하지 않다는 인식이 퍼지면서 '근무장소 자유선택제'도 자리 잡혀가고 있다. 이제 많은 사람에게 사무실은 특정 건물에 있는 특정 공간이 아니라 자신이 갖고 다니는 장비, 예를 들어 노트북 컴퓨터와 휴대전화다.

노동은 그 대가로 임금을 받을 수도 받지 않을 수도 있고 재미있을 수도 따분할 수도 있으며, 자유로울 수도 노예에 가까울 수도 있다. 노동이 저주인 사람도 있고 축복인 사람도 있지만 대부분의 사람들에게 노동은 저주이자 축복이다. 『행복의 정복The Conquest of Happiness』에서 버트런드 러셀Bertrand Russell은 "노동의 성격과 근로자의 능력에 따라, 권태의 완화에서 심오한 즐거움에 이르기까지 노동에는 여러 등급이 있다"라고 주장했다.([1930] 1996: 162) 사람마다 노동을 상당히 달리 경험할 수 있다. 따라서 노동에 대한 일반적 서술은 오해를 살 가능성이 다분하다. 노동의 개념은 사람마다 그리고 노동의 종류에 따라 매우 달라질 수 있기 때문이다.

노동은 인간 삶에서 가장 보편적 특징에 속한다. 실제로 일하지 않는 사람은 없다. 카를 마르크스Karl Marx가 지적했듯이 "노동은 자연이 부과한 인간 존재의 영속적 조건이다."(Marx 1867: 290) 노동을 피할 수 있는 사람은 거의 없다. 일할 필요가 없으리만치 부유한 사람조차도 대부분 일한다. 물론 노동의 이런 보편성조차도 틀릴 수 있다. 노동은 매우 다양한 현상이기 때문이다. 노르웨이의 철학 교수도, 미국인 CEO도, 콜롬비아의 커피재배 농부도 일을 한다. 하지만 노동의 경험에 있어서는 비슷한 점보다 다른 점이 더 많을 것이다. 따라서 노동에 대해 '일반적으로' 말할 때는 주의를 기울여야 하지만, 노동의 현상을 파악하려면 광범위한 일반화의 단순화 또한 필요하다.

가장 기본적으로 노동은 생활필수품을 획득할 목적으로 외부 세계를 바꾸는 것이다. 우리는 살기 위해 일한다. 이렇듯 단순한 노동 모델은 현대 사회보다는 농경 사회에 더욱 직접적으로 적용되었다. 인간 역사가 발달하면서 노동과 생존의 관계는 점차 느슨해졌다. 식량과 의복과의 관계에서도 농경 사회인과 현대 컴퓨터 프로그래머 사이에는 차이가 있다. 직접 생산하는 물건만을 소비해야 한다면 컴퓨터 프로그래머는 추위와 허기에 시달릴 것이다. 컴퓨터 프로그래머에게도 여전히 생산과 소비 관계가 성립하지만 이런 관계는 화폐제도의 중재를 거쳐 좀 더 간접적으로 나타난다.

또한 노동은 식량, 의복, 주택, 자동차, 평면 텔레

비전 등의 외면적 재화를 생산하는 동시에 재미와 개인 발달 등의 내면적 재화를 생산한다. 노동을 거쳐야만 자기 자신일 수 있고 자신의 인간적 잠재력을 인식할 수 있다고 주장하는 사람도 있다. 우리는 노동으로 외적인 것뿐 아니라 자기 정체성도 만들어낸다. 많은 세월에 걸쳐 많은 시간을 들여 일하면서 자신에 대해, 자기 능력에 대해, 자신과 타인의 관계에 대해, 사회에서의 자기 역할에 대해 배운다. 노동은 인생 계획 전체를 움직이는 중심축이다. 따라서 자기 삶을 어떻게 이끌어갈지, 살아가면서 무엇을 달성할지에 대해 생각하려면 노동에 대한 의문을 피할 수 없다. 사람들의 부고를 읽을 때 가장 눈에 띄는 부분은 바로 그들이 생전에 했던 일이다.

우리는 직업이 무엇인지 알면 어떤 종류의 사람인지 파악할 수 있다고 생각해서, 사람을 처음 만나면 주로 직업부터 묻는다. 파티에서 직업이 심리학자나 현금 출납원, 음악가, 소방관, 투자 은행가라는 소리를 들으면 우리들의 마음속에는 이미 상대방에 대한 인식이 형성된다. 텔레비전 코미디 〈사인펠드Seinfeld〉에서 직업이 시원찮은 등장인물 조지 코스탄자George Costanza는 처음 만나는 사람에게 자신의 실제 직업보다 훨씬 흥미진진한 직업에 종사하고 있다고 거짓말한다. 코스탄자는 상대방의 관심을 끌기 위해 자신이 건축가나 해양생물학자라고 말한다. 거짓말이 드러났을 때 그의 모습은 몹시 측은해 보인다. 현대인은 분명히 직업으로 사람의 됨됨이를 추측한다. 이런 추측이 옳지 않기는 하지만 여기에는 몇 가지 근거가 있다. 매일 행하는 노동이 세상과 자신을 대하는 태도에 전반적으로 영향을 미치기 때문이다. 일하는 자아를 직장에 남겨놓고 삶의 다른 영역에 절대 끌어들이지 않는 사람은 없다. 물론 모든 사람이 자신과 직업을 똑같은 정도로 동일시하지는 않는다. 노동이 정체성의 주요 원천인 사람도 있는 반면, 친구와 가족과의 관계나 어떤 취미를 가지고 있는지를 기반으로 정체성을 형성하는 사람도 있다.

철학자와 사회과학자는 노동의 비참함을 묘사하는 데 지나치게 열중한 나머지 노동에서 얻는 만족에는 관심을 두지 않는다. '내면적 재화'가 없는 직업, 다시 말해서 임금 이외의 보상을 안겨주지 않는 직업은 상상하기 힘들다. 물론 모든 직업에서 동일한 양의 재화를 얻을 수는 없다. 우리가 자기 관심을 추구할 수 있고, 유쾌한 사람과 함께 있을 수 있고, 세상을 더욱 좋은 곳으로 만드는 데 조금이나마 공헌한다고 느낄 수 있는 직업은 내면적 재화를 많이 제공한다. '직업은 직업이다'라는 말은 진리가 아니다.

'노동은 무엇일까?'라는 질문에는 간단하게 대답

할 수 없다. 노동이 매우 많은 요소를 지닌 다양한 현상이기 때문이다. 우리가 어떤 사람인지, 무슨 일을 하는지, 어떻게 일하는지, 왜 일하는지에 따라 노동에는 여러 가지 진리가 존재한다. 이 책의 목적은 노동에 대한 명제를 제시하거나 방어하는 것이 아니다. 오히려 과거부터 현재를 거쳐 미래에 이르기까지 노동의 다양한 측면의 조각들을 모았다고 봐야 한다. 이 책에서는 자신과 노동을 어떻게 결부시켜야 하는지에 대한 대답을 제시하지 않을 것이다. 인간의 다양성은 제쳐놓더라도 노동의 다양성을 고려할 때 일반화된 대답은 잘못이기 때문이다. 그 대신 지나치지 않은 선에서 몇 가지 관점과 제안을 제시하려 한다. 루트비히 비트겐슈타인Ludwig Wittgenstein은 이렇게 썼다.

> 철학은 …… 실제로 자신에 대한 일에 가깝고, 자신의 관념에 대한 일이고, 사물을 보는 방식에 대한 일이다.
>
> (Wittgenstein 1998: 12)

나는 비트겐슈타인의 말이 옳다고 생각한다. 이러한 자기반성을 각자 해야 한다. 이 책을 읽으면서 평소 그냥 지나칠지도 모르는 몇 가지 중요 사항을 짚어내고 그것에 대해 곰곰이 생각해보기 바란다.

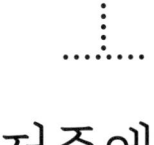

저주에서 소명까지

간략한 노동 철학사

사상의 역사를 돌아보면, 노동에 대한 주요 관점 두 가지가 두드러진다. 노동을 무의미한 저주로 보거나, 의미 있는 소명으로 보는 관점이 그것이다. 전자는 고대부터 종교개혁까지, 후자는 종교개혁 이후를 지배해왔다.

아마도 노동을 가장 저평가한 사람들은 그리스의 고전 철학자들일 것이다. 현대에 예술 분야를 가리키는 독립적인 단어가 없는 것처럼, 고대 그리스에는 노동을 뜻하는 독립적인 단어가 없었다. 그리스인들은 서로 다른 생산 활동을 뜻하기 위해 각각 다른 단어를 사용했다. '노동'으로 자주 번역되는 그리스어 ponos는 주로 '고역'을 가리켰지만 반드시 생산적인 활동은 아니었다. 이 책에서는 지나치게 많은 시대착오적 요소를 피함과 동시에 그리스 문화에 현대적 개념을 투영함으로써 노동을 뜻하는 단일 용어의 부족 현상을 극복해보려 한다.

일반적으로는 고대 그리스 문화에서 노동은 기피 대상이었다고 추측되지만 진실은 이보다 약간 더 복잡하다. 시인 헤시오도스Hesiodos/Hesiod는 노동이 힘들지만 사람들은 노동을 통해 신의 축복을 받는다고 믿었다. 기원전 7세기 작품인 『노동과 나날Works and Days』에는 이렇게 썼다.

> 일하지 않으면서 사는 사람은 일벌이 모은 꿀을 먹기만 하며 그 수고를 착취하는 꼬리 뭉툭한 게으른 수벌과 기질이 같다. 이런 사람은 신도 인간도 인정하지 않는다. 사람은 자신에게 주어진 노동을 적당한 순서에 따라 받아들여 제철에 나는 곡식으로 곳간을 가득 채워야 한다. 사람은 노동을 통해 번식하고 부유해진다. 신들이 보기에도 일하는 사람이 더욱 사랑스럽다. 노동은 비난의 대상이 아니지만, 노동하지 않는 것은 비난의 대상이다. 일하는 사람은 부를 차지해서 일하기 싫어하는 사람의 부러움을 살 것이다.
>
> (Hesiod 1999: 46)

『노동과 나날』에 담긴 교훈은 노동은 인간이 피할 수 없는 운명이고 기꺼이 열심히 일하는 사람은 부유해지고 멋진 삶을 살 수 있다는 것이다. 헤시오도스는 땅이 식량을 풍성하게 생산해서 노동이 필요하지 않은 황금기가 찾아오면 인간의 삶이 훨씬 나아지리라 강조했다. 하지만 황금기는 이미 지나갔으므로 무엇도 노동을 대신할 수 없다.

『노동과 나날』에 나오는 노동에 대한 묘사를 보면, 그리스인의 노동관은 현대인이 보통 알고 있는 개념보다 훨씬 미묘하다. 그리스인에게 결정적으로 중요한 기준은, 생산적 활동과 비생산적 활동이 아니라 불가피한 활동과 자발적 활동이었다. 품위를 떨어뜨리는 원인은 노동 자체가 아니라 필요에 의해서 이루어진 노동에 있었다. 예를 들어 호머의 두 서사시 『일리아드Iliad』와 『오디세이Odyssey』에 등장하는 영웅들은 생산적으로 활동한다. 아킬레우스Achilleus/Achilles는 고기를 자르고, 오디세우스Odysseus는 집과 배를 짓고 자신이 쓸 침대도 만든다. 이런 생산적 활동이 어떤 식으로든 영웅의 지위를 손상시킨다는 암시는 어디에서도 찾을 수 없다. 영웅이 활동을 스스로 선택했기 때문이다. 원한다면 영웅은 그 일을 타인에게 대신 시킬 수도 있었다. 손수 하지 않겠다고 선택할 수 있었으므로, 영웅에게 각 활동은 자유행동이고 그 자체로 목적이다. 이것이 영웅의 활동과 보통 장인匠人이나 육체노동자의 활동이 결정적으로 다른 점이다. 평범한 근로자는 필요에 의해서, 즉 생계를 유지하기 위해 무언가를 생산해야 하므로 품위가 떨어진다. 하지만 귀족은 같은 물건이라도 단순히 좋아서 생산할 수 있으므로 품위가 떨어지지 않는다. 노동이 자발적으로 이루어지기 때문이다. 따라서 특정 임무가 품위를 떨어뜨리는지는 임무 수행자의 지위에 따라 결정된다.

여기에서 노동을 해야만 하는 사람은 열등한 존재로 여겨졌다. 그러므로 활동 자체에 대한 인식은 괜찮았지만, 사회적 지위가 낮아 노동을 통해 생필품을 제공해야 했던 사람들의 품위는 떨어졌다. 의자를 만들겠다고 결정하고 그것을 실제로 만드는 활동이 귀족의 품위를 떨어뜨리지는 않는다. 자유 의지로 원하는 활동을 하기 때문이다. 하지만 목수는 경제적인 필요에 의해서 의자를 제작해야 하므로 품위가 떨어진다. 고객의 요구에 맞춰야 하기 때문에 그만큼 자주성이 부족하다. 당시에는 타인의 의지로부터 자유롭지 못한 사람들은 누구나 정치 토론에서 자유로울 수 없기 때문에 정치적 영향력에서 배제되어야 한다고 여겨졌다. 사람의 품위를 떨어뜨리는 것은 생산 활동 자체가 아니라 생산자의 사회적 지위였다. 하지만 플라톤과 아리스토텔레스에게는 노동 자체가 품위를 떨어뜨리고 결국 영혼을 더럽히는 활동이었다.

그리스인들은 신체가 치르는 대가의 양으로 노동의 종류를 나눴고, 신체적으로 가장 힘든 노동에 종사하는 사람을 가장 천한 사람으로 여겼다. 아리스토텔레스는 신체적으로 힘든 노동을 '노예 같은' 활동이라 주장했다.(Politics 1258b35) 이와 아울러 장인은 지식을 소유했지만 특정 영역에 국한되어 있고, 미덕의 정수를 파악할 만큼의 지적 능력은 갖추지 못했다고 말했다.(1337b) 그러므로 장인은 국가에 합당한 시민이 될 수 없고 농부도 마찬가지다. 아리스토텔레스는 몇 가지 이유를 들어 화가와 목동은 예외라고 주장했다.(1258b35, 1330a26)

그리스인들이 육체노동과 상업이 사람의 품위를 떨어뜨린다고 생각한 이유는 무엇일까? 육체노동에 육체 활동이 개입되기 때문은 아니었다. 그리스 철학자들은 대개 육체 운동과 스포츠에 긍정적이었다. 예를 들어 플라톤은 레슬러였다. 출생 당시 이름은 아리스토클레스Aristocles였고 플라톤은 그를 가르쳤던 레슬링 교사가 붙여준 이름으로 원래 '넓은' 또는 '어깨가 넓은'이란 뜻의 별명이다.

그렇다면 육체노동이 어째서 문제일까? 실제로 육체노동자banausos는 노예와 약간 달랐다. 플라톤은 육체노동자와 철학자를 엄격하게 구별하고 철학자만이 자유롭다고 주장했다.(Republic 495, 590) 스포츠와 여가는 군사적, 정치적 목적에 맞게 심신을 다듬어주지만 육체노동은 심신을 소진시키고 쓸모없게 만든다고도 했다. 자유롭게 생활하는 부자를 비난하면서 목수를 역할 모델로 삼아야 하고, 철학을 배우는 사람들은 육체노동까지 포함한 모든 형태의 노동을 사랑해야 한다고 주장했다.(405~8, 535d)

플라톤은 인습적으로 육체노동을 거부했다고 후세에 알려져 있다. 이런 주장을 더욱 분명하게 밝힌 사람으로 소크라테스와 동시대 인물인 크세노폰 Xenophon이 있다. 그의 대화서 『경제학Oeconomicus』에서 소크라테스는 이렇게 말했다.

> 실제로 국가는 소위 '기계적인' 직업을 매우 낮게 평가하면서 비판한다. 이런 직업은 실내에 앉아 일하거나 심지어 하루 종일 불 옆에서 일해야 하기 때문에, 일하는 사람과 감독의 육체를 철저하게 망가뜨린다. 육체가 나약해지면 영혼은 훨씬 더 약해진다. 게다가 '기계적' 직업은 개인이 친구와 도시에 대해 생각할 여유 시간을 빼앗는다. 결과적으로 이런 직업에 종사하는 사람은 친구를 제대로 대우하지도, 자기 국가를 제대로 방어하지도 못한다. 실제로 일부 도시, 특히 전쟁에서 뛰어난 기량을 발휘한다는 평판을 듣는 도시의 시민들은 '기계적' 직업에 종사하지 못하도록 정해져 있다. (1994: 121~122)

아리스토텔레스는 『정치학』에서 육체노동자 banausos를 '육체에 갇혀 있는', '취향이 저속한'을 뜻하는 경멸적 용어로 사용했다.(1341a7, 1337b7) 그는 노예와 육체노동자를 비교하면서 두 집단 모두 타인의 의지로 노예가 된다고 주장했다. 전쟁의 목적이 평화이듯 노동의 목적은 여가다.(1333a) 육체노동이라는 끔찍한 저주를 피할 수 있을 정도로 부유하지 못한 불운한 영혼들에게는 노동이 목적 실현의 도구에 지나지 않는다. 노동은 인간의 잠재력을 깨닫는 데 방해가 될 뿐이다. 인간 존재의 진정한 목적인 미덕의 발달을 이루기 위해 필요한 시간과 에너지를 노동에 빼앗기기 때문이다.

노동은 이성의 적절한 사용과 발달을 방해한다. 플라톤과 아리스토텔레스가 육체노동을 하찮게 평가했다는 사실을 고려하면, 육체에 그만큼의 부담을 치우지 않는 상업을 더욱 높게 평가했으리라 생각할 수도 있다. 하지만 절대 그렇지 않다. 플라톤은 『국가론 Republic』에서 상인을 위계질서의 최하층에 놓았다. 상인은 이성보다 욕구를 좇아 행동하는 사람이다. 플라톤은 이런 사람들이 정치적 영향력을 쥐면 국가가 재앙으로 치닫게 되리라 강조했다. 『법률Laws』에서는 상업을 더욱 조롱했다. 상업이 사람들을 약삭빠르고 신뢰할 수 없게 만드는 탓에 시민들은 결국 서로를 믿지 못하고 비우호적인 태도를 취한다.(Laws 705a) 따라서 시민에게 상업으로 생계를 유지하게 하는 것은 범죄다. 그런 종류의 노동은 외국인에게 시켜야 하고, 상인들은 악명 높은 사기꾼이므로 면밀하게 감시해야 한다.(915~20)

또한 아리스토텔레스는 상인이 정치적 영향력을 소유해서는 안 된다고 공공연하게 못 박았다.(Politics 1328b35) 상인은 잘못된 가치 기준으로 생계를 유지하고, 이윤추구 자체를 목적으로 삼는 결정적 실수를 한다.(1256ff) 좋은 삶에 대한 현대인의 개념은 아리스토텔레스의 생각에서 크게 벗어나지 않는다. 아리스토텔레스에 따르면, 인간 존재의 목적은 행복에 도달하는 것이고 이때 행복은 '잘 사는 것'이다.(Nicomachean Ethics Bk 1) 행복과 잘 사는 것은 같은 의미다. 행복은 자체로 목적이 될 수 있는 유일한 가치이고, 나머지는 모두 행복이란 목적을 이루기 위한 수단일 뿐이다. 상인은 수단에 불과한 이익을 목적과 혼동해서 일차원적인 삶을 살며 인간적 자질의 대부분을 발달시키지 못한다. 따라서 아리스토텔레스는 상인이 잘 사는 데 필요한 요소를 제대로 생각할 능력이 없기 때문에 천하고 어리석다고 주장했다.

고대 그리스에서 노동이 차지했던 자리를 나타내는 지표로 그리스 철학자의 견해를 드는 경우가 많다.

하지만 반드시 그들의 견해가 옳은 것은 아니다. 오히려 장인들은 자신이 하는 일에 커다란 자부심울 느꼈고, 자기 기술을 자랑하는 내용의 비문을 남기기도 했다. 게다가 장인들끼리 시합을 벌여 승자에게 왕관을 주었다. 장인이 작업하는 모습을 담은 조각, 도자기, 장식 현판 등이 많이 남아 있는 것으로 보아 당시 사회에 철학자들의 노동관이 널리 퍼져 있었다고 생각할 근거는 없다. 하지만 플라톤과 아리스토텔레스의 견해가 대체적으로 고대 그리스의 '공식적' 노동관으로 받아들여지고 있는 것도 사실이다.

중세에 기독교 문화가 출현하면서 노동 철학에도 변화가 생겼다. 기독교적 사고에서 노동은 아담과 이브가 에덴동산에서 쫓겨난 결과다. 에덴동산에서는 필요가 동기인 노동이 존재하지 않았다. 아담과 이브는 손만 뻗으면 나무에 달린 과일을 먹을 수 있었다. 하지만 금지된 단 한 가지 과일을 먹는 순간, 에덴동산에서 쫓겨나고 인간은 영원히 노동의 굴레를 져야 하는 준엄한 처벌을 받았다. "네가 흙으로 돌아갈 때까지 얼굴에 땀을 흘려야 먹을 것을 먹으리니."(창세기 3장 19절) 중세 사람들은 여전히 노동을 저주라 생각했지만 노동은 의무이기도 했다. 의무로서의 노동은 그리스 철학자들이 상상조차 할 수 없었던 개념이다. 이는 기독교 이상에서 비롯된 완전히 새로운 관점이었다. 4세기 들어 교부敎父인 어거스틴Augustine은 게으름을 비난하면서 카르타고Carthage의 수도승들에게 육체노동을 권고했다. 6세기에 수도원을 설립한 베네딕트Benedict는 노동이 육체에 가해지는 속죄 수단이라고 말했다. 또한 게으름이 해롭다고 생각했고 노동이 사람을 게으르지 않게 한다고 주장했다.

> 게으름은 영혼의 적이다. 그러므로 형제들은 기도와 독서뿐 아니라 육체노동에도 일정 시간을 보내야 한다.
>
> (Benedict 1998: 47)

13세기 철학자이자 신학자 토마스 아퀴나스 Thomas Aquinas에 따르면, 모든 사람들에게는 자기를 향상시키고 타인을 돕는 동시에 신에게 숭배의 마음을 표현하기 위해 노동할 의무가 있다. 이런 생각은 나중에 등장하는 프로테스탄트적인 노동 윤리의 첫 단계였다. 신과의 관계에서 노동은 여전히 종속적 위치에 머물러서 본질적 가치가 부족한 활동으로 여겨졌기 때문에 노동보다는 기도와 명상이 훨씬 중요했다.

이런 현상은 종교개혁과 더불어 극적인 변화를 맞이했다. 종교개혁으로 노동이 모든 사람, 심지어 부자에게도 긍정적 활동이라는 개념으로 발달했고, '소명' 개념이 철저하게 보급되었다. 소명이나 사명의 개념은 이전부터 널리 퍼져 있었다. 수도승과 성직자가 진심으로 자신을 헌신하고 사회의 세속 문제에서 물러난 것도 소명을 좇았기 때문이다. 16세기 수도승이자 교회 개혁가 마틴 루터Martin Luther는 신에게 봉사하는 최고의 방법은 자기 직업에 헌신하는 것이라 주장했다. 이것이 소명이나 사명 개념의 핵심이다. 신은 기도, 이웃에게 베푸는 선한 행동, 노동하고 경배하는 삶을 요구했다. 루터는 신에게 헌신하는 삶이라는 수도사의 이상을 수도원 담장 밖으로 끌어내 보편적 노동 윤리로 만들었다. 또한 '세속적인' 직업이 최소한 격리된 수도원의 수도승만큼 칭찬받을 만한 직업이라 여겼다.

> 수도승이나 성직자가 아무리 성스럽고 수행하기 힘든 직업이더라도 하나님 보시기에는 밭에서 소박하게 수고하는 일이나 여자들의 분주한 집안일과 조금도 다르지 않다.
>
> (Luther [1520] 1915: §3.42)

직업에 종사하는 것은 종교적 의무이고 모든 직업은 신의 위대한 계획을 이루는 일부다. 신이 직업과 이에 따른 일정한 사회 계급을 부여했기 때문에 각자

타고난 직업에 종사해야 한다. 따라서 '출세주의자'는 신의 권위에 반기를 드는 사람이다.

이쯤 되면 프로테스탄트 노동윤리가 그리스 노동관과 정반대라고 생각할지 모르겠다. 노동에는 삶에 필요한 요소를 제공하는 이상의 가치가 있다. 프로테스탄트들은 노동에 높은 가치를 두어 노동과 관계가 없거나, 재미있고 쾌락을 제공하는 활동은 무엇이든 미덥지 않다고 여겼다. 열심히 일하면 보상을 받고, 성공은 신을 제대로 섬긴다는 표시다.

16세기 프로테스탄트 개혁가 존 칼뱅John Calvin은 루터의 이상을 더욱 발전시켜 노동이 신의 뜻이므로 부자를 포함해 누구나 일해야 한다고 주장했다. 기독교의 전통적 견해는 금전에 대해 부정적 태도를 보였지만, 칼뱅은 최대 수입을 안겨주는 직업을 선택하는 것이 종교적 의무라고까지 주장했다. 예로부터 금전 혐오가 기독교의 특징으로 알려져 왔던 탓에 프로테스탄트가 자본주의 확산을 부추기는 경향이 어색하게 느껴진다. 사도 바울은 디모데 전서에 이렇게 썼다.

> 돈을 사랑함이 일만 악의 뿌리가 되나니 이것을 탐내는 자들은 미혹을 받아 믿음에서 떠나 많은 근심으로써 자기를 찔렀도다.
>
> (디모데전서 6장 10절)

마태복음에 따르면 "한 사람이 두 주인을 섬기지 못할 것이니 혹 이를 미워하고 저를 사랑하거나 혹 이를 중히 여기고 저를 경히 여김이라 너희가 하나님과 재물을 겸하여 섬기지 못하느니라."(마태복음 6장 24절, 비교: 누가복음 16장 13절) 칼뱅은 이런 말씀을 비껴가면서 금전의 축적이 스스로 신의 충복이라는 사실을 나타내는 표시라고 주장했다. 이는 중요한 변화였다. 앞서 살펴봤듯이 루터는 사회의 사다리를 오르거나 경력을 바꾸려는 시도를 신의 권위에 대항하는 도전이라 믿었다. 하지만 칼뱅은 언제라도 최대 이익을 얻을 수 있는 직업을 선택해야 한다고 주장했다. 직업은 언제라도 바꿀 수 있었다. 이는 근로자 해방에 중요한 개념이었다. 원하는 대로 누구에게나 자기 노동력을 팔 수 있는 근로자의 권리 개념이 차츰 부상하면서 이는 더욱 보편화됐다.

사회학자 막스 베버Max Weber가 『프로테스탄트 윤리와 자본주의 정신The Protestant Ethic and the Spirit of Capitalism』에 썼듯이, "제약받지 않는 모든 쾌락의 엄격한 회피"가 주요 특징인 노동 윤리는 매우 참담하다.(Weber [1905] 2002: 12) 이는 금욕주의 윤리로, 부를 축적하는 목적이 소비가 아니다. 베버가 지적하듯 열심히 일하는 프로테스탄트는 "자기 소명을 수행하는 비이성적 의미를 제외하고는 자기 소유의 부에서 자신을 위해서는 어떤 것도 취하지 않는다."(lbid.:24) 베버는 힘든 노동에 따른 보상을 받을 수 없다는 이유를 들어 프로테스탄트들이 비이성적이라 생각했다. 천국의 구원이라는 훨씬 높은 목적을 바라보는 프로테스탄트들은 현세에서의 소유에 큰 의미를 두지 않는다. 천국의 구원은 선택받은 운 좋은 사람들에게 예정되어 있기 때문에, 선한 행위나 의도를 포함한 무엇도 개인에게 닥칠 최종 결과에 영향을 미치지 않는다. 선한 길이든 악한 길이든 사람의 운명은 이미 설정되어 있기 때문이다.

여기서 떠오르는 의문은, 최종 결과에 전혀 영향을 미치지 못하는데도 프로테스탄트들이 그토록 열심히 노동하는 이유다. 베버는 프로테스탄트들이 운명을 바꾸기 위해서가 아니라 스스로 위로하기 위해 일한다고 주장했다. 프로테스탄트들은 운명을 바꿀 수 없다는 사실을 잘 알고, 노동을 통해 거둔 성공을 은혜의 표시로 받아들인다. 칼뱅에 따르면, 구원받은 사람은 미움과 영혼을 온전히 바쳐 자신의 소망을 충족시킨다. 이런 열정 자체는 구원 가능성에 전혀 영향을 미치지 않지만 신은 선택받은 사람들이 모범적 시민이기를 원한다. 따라서 모범적인 시민 행동은 실제로 신에게 선택받은 사람이라는 뜻으로 받아들여질 수 있다. 프로테스탄트는 존재의 고통을 겪으며 살고, 노동으로 거둔 성공은 자신이 신의 위대한 계획 달성에 적합하다는 표시이므로 구원받을 가능성이 높은 후보라는 뜻일 수 있다. 신의 위대한 계획의 일부로 온전하게 기능하려면 때로는 선행을 실천하는 정도를 훨씬 뛰어넘어 행동해야 하며 자기 일생을 선행에 헌신해야 한다.

얼마 지나지 않아 프로테스탄트 노동 윤리의 신학적 토대가 약화되기 시작했지만 윤리 자체는 그대로 남았다. 이런 세속화한 윤리를 대표하는 가장 유명한 사람으로 벤자민 프랭클린Benjamin Franklin을 들 수 있다. 그는 재산이 고결한 행동의 결과라고 열정적으로 주장했다. 프랭클린은 신을 완전히 배제하지는 않았지만 더 이상 노동을 경배의 형태로 생각하지 않았다. 근로자가 본질적으로 마음속에 자기만의 이익을 품으며 재산을 습득하려고 열심히 일하면 신의 보상을 받는다. "신은 스스로 돕는 자를 돕는다."(Franklin 1987: 1201,1296) (이 말이 성경에서 인용한 표현이라고 알고 있는 사람이 있다. 하지만 성경의 가르침은 '신은 무력한 사람을 돕는다.' Isaiah 25: 4로 이와는 정반대다.) 삶에서 성공하려면 절제, 침묵, 질서, 의지, 검소, 근면, 성실, 정의, 중용, 청결, 평정, 순결, 겸손의 13가지 미덕을 보여야 한다.(Franklin 1987: 1384ff.)

요즘 들어 이런 노동 윤리가 힘을 잃고 있는 것

같다. 힘든 노동이 고결하다고 믿는 사람들이 점점 줄어들고 있다. 하지만 프로테스탄트 유산은 현대인의 노동관에 여전히 영향을 미친다. 프로테스탄트 인구가 널리 퍼진 국가의 전반적 취업률이 다른 종교가 지배하는 국가보다 6% 높다는 사실만으로도 알 수 있다.

19세기 스코틀랜드 작가 토마스 칼라일Thomas Carlyle은 노동을 축복으로 받아들였다. 그가 종교를 바탕으로 노동 윤리를 만들었다기보다 노동 자체를 종교로 만들었다고 말할 수 있다.

> 노동에는 영구적 숭고함이 있고 신성함까지 깃들어 있다. 그토록 미개하지 않고 자신의 고귀한 소명을 잊지 않는다면 마음을 다해 노동하는 사람에게는 언제나 희망이 있다. 영원한 절망은 게으름에만 있을 뿐이다. 탐욕만 부리지 않으면 노동은 자연과 소통한다. 노동하려는 진정한 욕구 그 자체만으로도 진리에 자연의 약속과 규칙에 한 발짝 다가설 수 있다.
>
> (Carlyle[1843] 1965: 196)

실제로 칼라일은 오늘날 일 중독자라 불리는 사람을 묘사했다. 일 중독자는 살면서 부딪히는 온갖 곤경을 피하려고 일하고, 자신을 괴롭힐 가능성이 있는 요소를 잊을 정도로 일에 파묻혀 지낸다. 칼라일은 이렇게 썼다.

> 가장 천한 노동이라 하더라도 일하기 시작하는 순간, 인간의 영혼 전체가 이루는 진정한 조화를 그려보라! 의심, 욕망, 슬픔, 후회, 분개, 절망이 마치 지옥사자처럼 누워 가난한 노동자의 영혼을 괴롭힌다. 하지만 자유 의지로 용기를 내어 자기 임무에 온 힘을 기울이면 모두가 잠잠해지고 잔뜩 위축해서 슬금슬금 동굴 속으로 사라진다.
> (Ibid.)

누구에게든 게으름은 최대 악덕이 되고 있다. 칼라일은 게으른 가난한 자만큼이나 게으른 부자도 맹렬하게 비난했다. 그는 칼뱅주의를 노동 윤리로 축약하고, 노동의 요소가 완전히 사라진 높은 차원까지 노동 개념을 끌어올렸다. 칼라일은 산업혁명의 절정기에 살면서 인간을 기계적으로 만들었다며 당시의 기술을 강력하게 비난했지만 그의 이상적 노동관은 바뀌지 않았다. 노동 자체가 반드시 근로자를 고결하게 만들 수 있을까? 전반적으로는 거의 그렇지 않다. 극단적인 예를 살펴보자. 강제 노동 수용소에 수감된 죄수가 노동을 통해 고결해질 수 있을까? 아니다. 오히려 품위가 손상되고 권위에 굴복할 것이다. 강제 노동 수용소 죄수들과 노동에서 진정한 개인적 의미를 깨닫는 근로자 사이에는 엄연한 차이가 있다. 칼라일이 주장하는 속성이 노동에 있는지, 그런 속성을 어느 정도까지 갖추고 있는지 결정하는 것은 노동의 종류와 방법이다. 칼라일과 동시대 사람인 철학자 존 스튜어트 밀John Stuart Mill은 칼라일의 노동 찬양을 신랄하게 비판했다.

> 내가 생각하기에 노동 자체는 미덕이 아니다. 노동 자체에는 칭찬할 만한 점이 전혀 없다. 훌륭한 목적을 이루기 위해 자발적으로 일하는 것은 칭찬받을 만하다. 하지만 훌륭한 목적의 구성요소는 무엇일까? 칼라일이 예언한 계시에는 이 문제에 대한 견해가 드러나 있지 않다. 칼라일은 노동 개념 주의를 계속 빙빙 돌고 있을 뿐이다. 마치 땅을 파헤치거나 우주 왕복선을 가동하거나 깃펜을 바삐 움직이는 활동 자체가 목적인 동시에 인간 존재의 목적이거나 하듯이 말이다. 그러나 가장 숭고한 태도로 인류에 봉사하더라도 노동 자체가 훌륭하지는 않다. 노동의 가치는 봉사 자체, 봉사하려는 의지, 봉사의 씨앗을 뿌리는 숭고한 감정에 있다. 노동을 제외한 다른 증거, 즉 위

험이나 희생으로 숭고한 의지를 입증하는 경우도 똑같이 가치가 있다. 목적이 아니라 오직 노동에 대해서만 이야기하면 문제의 뿌리에는 절대 가까이 갈 수 없다. 설사 뿌리에 가까이 간다 하더라도 뿌리는 꽃이나 열매를 맺지 못한다.

([1850] 1984: 90~91)

존 스튜어트 밀 이외에도 후에 반대 주장을 펼친 여러 학자 가운데는 마르크스의 사위 폴 라파르그Paul Lafargue가 있다. 그는 『게으를 수 있는 권리The Right To Be Lazy』에서 노동을 향한 사랑이라는 '야릇한 망상'을 뿌리치고 노동 위에 드리운 '신성한 후광'을 벗어버려야 한다고 말했다. 그러나 밀의 주장이 특히 흥미롭다. 현대인의 용어대로 노동의 낭만적 변화를 나타낸 이상적 사례이기 때문이다.

결국 낭만주의자에게는 의미가 중요하다. 신의 부재 때문에 생겨난 공백을 채워야 하는 개인적이고 개별적인 의미다. 낭만주의자는 그것이 무한한 의미의 일종이어야 하고 개인이 인식해야 하는 의미라는 점을 빼고는 스스로 어떤 의미를 찾고 있는지조차 모른다. 누구나 최대 이익을 얻을 수 있는 직업을 선택해야 하고 소명은 언제고 바꿀 수 있다는 칼뱅의 생각은 자신에게 최대 의미와 만족을 주는 노동을 삶의 목적으로 삼아야 한다는 개념으로 발전했다. 이런 개념에 담긴 의미와 관련 있는 것은, 신이 아니라 자신의 잠재력을 최대한 인식해야 하는 개인이었다.

현대는 여러 측면에서 프로테스탄트 윤리에 역행한다. 쾌락주의가 금욕주의를 대체하면서 지연된 만족이 아닌 즉각적 만족을 추구한다. 그렇다면 노동을 소명으로 생각하는 태도가 남아 있을까? 대부분의 사람들에게 노동은 초월적 목적에 기여하지 못한다. 이는 처음부터 프로테스탄트 노동 윤리의 문제였다. 대부분의 직업에서 노동 자체만으로는 노동과 종교적 차원의 관계를 알 수 없다. 둘의 관계를 알 수 있는 사람은 수도원에서 일하는 수도승이 있다. 하지만 농사, 목공, 공장 노동의 종교적 관련성은 쉽게 찾아볼 수 없다. 자신이 행하는 노동에 종교적 의미가 있다고 생각하는 사람은 거의 없는 것 같다. 하지만 힘든 노동이 개인의 도덕적 특성을 가리킨다는 개념을 포함해서 프로테스탄트 노동 윤리의 일부 측면은 여전히 남아 있다.

노동에서 '진정한 자아'를 찾는 현대인의 모습에서 '소명으로서의 노동' 개념을 추적해볼 수 있다. 현대인이 직업을 바꾸는 속도가 점차 빨라지고 있다. 이는 개인주의로 소명 개념이 바뀌고 있기 때문이다. 우리는 이제 신이 아닌 자신에게 봉사한다. 자신에 대한

'개인'의 주요 임무는 자기 인식이다. 따라서 노동은 '자기 인식' 방법에 속하면서 상당한 정도까지 '라이프스타일'을 선택하는 것이다.

현대인은 올바른 직업을 찾기 위해 상당한 관심을 기울인다. 직업과 직업에 종사하는 사람이 서로 맞아야 한다고 생각한다. 다시 말해서 어떤 종류의 사람인지에 따라 적절한 직업의 종류가 다르다는 뜻이다. 플라톤과 아리스토텔레스도 어느 정도 같은 주장을 펼쳤다. 하지만 현대의 개인주의가 등장하기 2,000년 전이었으므로 두 사람의 관점은 현대인과 약간 달랐고, 특유의 개인적 관점이 아니라 타인이 속한 계급의 관점이나 일반적 관점이었다. 하지만 현대인은 진정한 소명에 종사하는 특유의 개인적 관점을 취한다.

현대인은 모두가 특별하거나 최소한 특별해 보인다고 생각한다. 윌리엄 와이트William Whyte가 사무실 생활을 연구한 결과를 바탕으로 1956년에 『조직 인간The Organization Man』을 발표한 후로 사무실 상황은 많이 변했다. 책에서 CEO는 젊은 중역들에게 "사적으로는 개인주의자이고 공적으로는 순응주의자가 되어야 한다"고 조언한다.(1956: 156) 비순응자로 보여야 하는 현대 추세에 거스르는 조언이다. 오늘날에는 개인주의가 널리 퍼져 있어서 순응주의자가 되려고 노력한다는 것은 사실상 어려운 일이다. 하지만 자기 개성을 강조한다면 누구라도 현대적 흐름에 거스르지 않을 것이다. 이런 역설은, 몬티 파이톤Monty Python 시리즈의 〈브라이언의 생애Life of Brian〉*에서 브라이언이 발코니에 서서 군중에게 연설할 때 탁월하고 명쾌하게 드러난다.

> 브라이언: 이봐요, 당신들이 잘못했다고요! 나를 따를 필요가 없었어요. 누구도 따를 필요가 없었죠! 스스로 생각해야 해요! 당신들은 모두 개개인이니까!
> 군중(한 목소리로): 맞아요! 우리는 모두 개개인이에요!
> 브라이언 : 당신들은 다 달라요!
> 군중(한 목소리로): 맞아요, 우리는 다 달라요!
>
> (Chapman ef al. 2001)

〈나는 특별해요 I am special〉라는 노래도 개인 개념을 매우 강렬하게 표현했다. 이 노래는 〈자크 수사님 Frere Jacques〉의 멜로디를 땄고 미국 어린아이들의 사랑을 받고 있다.

---

* 우연히 예수 옆 마구간에서 태어나 어쩌다 십자가에 매달린 브라이언의 일생을 그린 영국 코미디영화 - 역주

나는 특별해요.

나는 특별해요.

나를 봐요.

보이지 않나요.

매우 특별한 누군가가

매우 특별한 누군가가

그게 바로 나예요.

그게 바로 나에요.

개인주의의 출현으로 개인은 자신을 위해 새로운 책임을 지고, 자신이 되어야 하는 의무를 맡게 되었다. 현대인은 모두 낭만주의자로, 자기 발견 개념을 확고하게 믿는다. 이미 주어진 자아를 발견하지 않고 자아를 새롭게 형성해야 한다. 진정한 자아는 스스로 만들어내야 하기 때문이다. 이때 노동이 자아 형성의 도구로 쓰인다.

이런 개념은 소명 개념의 낭만적 변화라고 부를 수 있다. 낭만주의자가 되려 할 때 문제는 결코 만족을 얻을 수 없다는 점이다. 스스로 목표로 세운 궁극적, 개인적 의미를 온전하게 달성할 수 없기 때문이다. 의미에 대한 낭만적 욕구를 만족시킬 수 없는 경우에 노동은 소명이 될 수 없고 고대 그리스인들에게 그랬듯이 일종의 저주로 여겨진다. 그러면 노동은 개인 발달을 방해하는 활동이 된다. 그래서 새로운 도전에 부딪히면 더 큰 만족을 얻을 수 있으리라 믿으며 다른 회사를 찾아 떠나거나 기업의 사다리를 올라간다. 얼마 동안은 그렇다고 생각한다. 이런 현상은 조슈아 페리스Joshua Ferris의 소설 『호모오피스쿠스의 최후Then We Came to the End』에 잘 묘사되어 있다.

> 자기 눈에 익숙해진 커피 머그, 마우스패드, 탁상시계, 일정표, 책상 서랍 속 이런저런 물건들을 얼마나 싫어했던가! 심지어 기운을 내기 위해 컴퓨터 모니터에 붙여놓은 사랑하는 사람의 사진조차도 그동안 관계에 쏟았던 시간을 생각나게 하는 짜증스러운 물건으로 바뀐다. 하지만 좀 더 큰 사무실을 갖게 되어 물건을 옮겨 놓으면, 새삼스레 물건 하나하나에 애정이 솟아나고 어디에 놓을지 곰곰이 궁리하게 된다. 퇴근하기 전에 사무실을 둘러보면서 중요한 공간에서 새롭고 멋지게 보이는 오래된 물건에 흡족해한다.

하지만 그런 만족도 오래 가지는 않는다.

2
노동의 의미

내 친구 올라브Oliav는 학비와 생활비를 벌기 위해 우체국에서 일했다. 우편가방을 뒤집어서 혹시라도 가방에 박혀 있는 편지가 있는지 살피는 일을 했다. 어느 날 여느 때와 마찬가지로 우편가방을 뒤집다가 그는 삶의 철저한 허무를 느끼고 어린아이처럼 엉엉 울기 시작했다. 성실한 프로테스탄트였던 올라브는 눈물이 뺨을 타고 주르르 흘러내리는 와중에도 하던 일을 멈추지 않았다. 그가 느꼈던 문제는 자기 일에 끝이 없다는 것이었다. 뒤집어야 하는 우편가방이 끊이지 않고 들어왔다. 어떤 진전도 없고 매 순간 같은 일이 무한히 반복되는 것 같았다. 직장에서 올라브가 처한 상황은 몇 가지 점에서 시지포스의 상황과 비슷하다.

그리스 신화에서 시지포스는 산꼭대기까지 바위를 굴리지만 정상에 도달하면 바위가 다시 바닥까지 굴러 떨어지는 신의 저주를 받았다. 시지포스는 바닥에 굴러 떨어진 바위를 다시 정상까지 올리고 바위는 다시 굴러 떨어진다. 『시지포스의 신화The Myth of Sisyphus』(1942)에서 알베르 카뮈는 영원히 헛된 노동에 매달리는 것이 가장 끔찍한 벌이라는 사실을 신은 알고 있다고 주장했다.

> 신들은 시지포스에게 결국은 자체 무게 때문에 다시 바닥으로 굴러 떨어지고 말 바위를 산 정상까지 쉬지 않고 굴려 올리라는 벌을 내렸다. 신들은 헛되고 장래성 없는 노동이 가장 지독한 벌이라 생각했다.
>
> (Camus[1942] 1991: 119)

그러나 카뮈는 "사람들은 시지포스가 행복하다고 상상해야 한다"라는 말로 글을 맺었다.(Ibid.: 123) 그렇다면 과연 우리가 그래야 할까? 무엇이 정답인지 짐작하기 어렵다.

이 글에서 말하려는 요점은 무엇일까? 올라브의 경미한 신경 쇠약 증상은 사실상 상상력 부족 탓이라는 뜻은 아닐까? 우편가방에서 찾아낸 편지가 사람들의 삶을 변화시킬 수 있다고 생각했다면 자신이 처한 상황을 훨씬 꿋꿋하게 견뎌냈으리라고 말이다. 그가 확인해야 했던 것은 그동안 아버지와 관계가 소원했던 아들이 관계를 회복하려고 보낸 편지일 수도, 외국에 파견된 군인이 애인에게 보내는 사랑편지일 수도, 꿈에도 가고 싶었던 대학에서 보낸 합격 통지서였을 수도 있다. 올라브는 그렇게 생각할 수 있었지만 그러지 못했다. 그의 눈에는 줄줄이 늘어선 우편가방만 보였기 때문이다.

임마누엘 칸트Immanuel Kant는 인간이 노동을 향한 실존적 필요를 지닌 유일한 동물이라고 주장했다.(Kant [1803] 1902: 471) 노동은 인간 삶에 내용을 제공하기 때문에 노동하지 않는 인간은 지루해서 죽을 지경에 이른다. 칸트는 이런 기능은 오락도 수행할 수 없어서 삶을 오락만으로 채우는 사람은 생명력을 잃는다고 주장했다.([1798] 1902: 271) 우리에게 필요한 것은 쾌락이 아니라 행동이다.

> 일을 많이 하는 사람은 아무 일도 하지 않은 사람보다 훨씬 큰 만족을 얻는다. 노동이 사람에게 힘을 솟구치게 하기 때문이다.
>
> (2001: 154)

하지만 칸트는 결정적으로 중요한 사항을 간과하고 있다. 노동이 전부 의미가 있는 활동은 아니어서, 견딜 수 없도록 지긋지긋하고 괴로운 노동도 많다는 점이다.

2005년부터 근로자 1만 명을 대상으로 조사를 벌인 결과, 응답자의 33퍼센트 이상은 직장에서 자신이 하는 일이 별로 없고 과소평가 받고 있다고 대답했다.(Malachowski 2005) 이는 근로자를 대상으로 실시한 대부분의 조사에서 스트레스로 고통받는다고 털어놓은 사람들의 숫자를 웃돈다. 따라서 오늘날 직장에서의 더 큰 문제는 스트레스보다는 권태다. 〈심슨네 가족들The Simpsons〉에 등장하는 호머Homer는 직장인 원자력 발전소에서 어떻게든 일을 적게 하면서 하루를 때우려고 애쓴다. 호머가 원하는 이상적인 하루는 어쨌거나 노동다운 노동을 하지 않는 날이다. 하지만 실제로 아무 일도 하지 않으면서 하루를 보내는 생활을 견뎌낼 사람이 있을까? 권태는 사실상 할 일이 전혀 없을 때만 느끼는 감정이 아니다. 노동량이 너무 많을 때 느끼는 권태도 있다. 따라서 권태는 할 일이 많고 적음의 문제가 아니라 노동에서 의미를 발견할 수 있느냐의 문제다. 노동에서 의미를 찾지 못하면 노동하는 시간은 끔찍한 짐이 된다. 페리스의 『호모 오피스쿠스의 최후Then We Came to the End』에서 화자는 이렇게 말했다.

다른 날보다 길게 느껴지는 날이 있다. 하루가 꼬

박 이틀처럼 느껴지기도 한다. 불행하게도 주말에는 한 번도 그렇게 느껴본 적이 없다. 토요일과 일요일은 마치 평일의 반처럼 휙 지나가 버린다. 그래서 어떤 주에는 열흘을 꼬박 일하고 겨우 하루만 쉰 것 같다.

이런 사람들은 일하면서도 노동이 지닌 의미를 거의 발견하지 못한다.

따라서 칸트가 말하는 실존적 필요는 노동이 아니라 의미다. 노동에는 의미가 있을 수도 있고 없을 수도 있다. 의미는 인간의 근본적 필요이고 노동은 이런 의미를 제공할 수 있는 주요 원천의 하나다. 하지만 무의미한 노동은 고문에 가까울 수 있다. 표도르 도스토예프스키는 『죽음의 집에 대한 기록 The House of the Dead』에서 이렇게 서술했다.

한 번은 이런 생각이 들었다. 누군가를 완전히 파괴하고 싶다면, 그 사람에게 세상에서 가장 끔찍한 벌을 주고 싶다면, 흉악무도한 살인자도 벌벌 떨며 미리 겁을 잔뜩 먹고 움츠러들 정도로 벌을 주고 싶다면, 완전히 전적으로 무의미하고 쓸모없는 노동을 시키면 된다.

다른 직업보다 의미가 클 가능성을 지닌 직업이 있다. 직업의 조건이 의미에 강력한 영향을 미치는 경우다. 마르크스는 이 문제를 소외 이론으로 설명하려 했다.(Marx[1844] 1994: 71-96) 라틴어 alienation은 과거에는 타인이나 조국이나 신에게 낯설어지는 현상을 나타내거나, 정신이상이나 재산 박탈 상태를 묘사할 때 사용되었다. 마르크스의 소외 개념에 담긴 구체적 뜻을 꼭 집어 말하기는 어렵지만, 라틴어 단어가 지닌 다양한 뜻에 몇 가지를 덧붙인 것 같다. 따라서 소외 개념은 단순한 정의를 거스르는 개념이다. 소외는 가능성을 지닌 존재에 영향을 미칠 수 있을 뿐이다. 마르크스에게 소외는 기능성이 직절하게 인식되지 않는 상태다. 물론 여기서는 이런 가능성이 어떠해야 하는지가 문제다. 마르크스는 노동을 통해 가능성을 인식해야 한다고 생각했다. 인간은 자신의 핵심을 노동으로 표현하기 때문이다.

마르크스는 '객관화'와 '소외'를 구별하고, 객관화가 필요한 존재만이 소외될 수 있다고 주장했다. 인간은 노동을 통해 외부 세계를 변모시키면서 외부 재화로 자신을 객관화한다. 마르크스는 그래야만 인간의 주관성울 인식할 수 있다고 강조했다. 인간은 자기 주관성의 상상으로 외부적인 무언가를 만들어낸다. 노동을 통해 외부 세계를 재형성하는 동시에 외부에 자신을 표현한다. 그렇게 되면 스스로 창조한 세계에서 자신을 인식할 수 있다. 하지만 소외된 노동에서는 이런 현상이 일어나지 않는다. 객관화로 나타날 수 있는 소외는 자본주의의 힘 때문에 빗나간다. 마르크스는 세상 근로자들을 불편한 상황에 몰아넣었다며 자본주의를 비난했다. 소외 상태의 노동은 어떤 의미에서는 근로자의 인간성을 거스른다. 이 책에서는 마르크스의 소외 이론에 속한 모든 측면을 다룰 수 없으므로, 그가 중요하게 생각했던 특성인 '분업'으로 범위를 좁혀서 생각해보려 한다. 마르크스의 일반적 견해에 따르면, 분업은 창의적 과정 분열시킨다. 하찮은 공정을 끊임없이 반복하게 해서 노동을 무의미하게 만들기 때문이다.

플라톤 또한 분업의 원칙을 설명했다. 하지만 플라톤에게 분업은 각 근로자가 타고난 재능에 맞춰 특정 기술에 헌신한다는 뜻이었다. 하지만 현대 공장 체계에서 분업 원칙은 더 이상 기술이 아닌 구체적 임무에 적용된다. 과거와 비교해볼 때 현대 노동의 두드러진 특징은 더욱더 급진적으로 변화하는 분업 원칙의 실천이다. 철학자이자 경제학자인 애덤 스미스Adam Smith는 이런 현상의 결과를 최초로 파악했던 인물이 있다. 스미스의 분업 이론은 플라톤의 이론에 정면으로 대치된다. 스미스는 엄격한 평등주의자였지만 플라톤은 그렇지 않았다. 스미스에게 분업은 사람 사이에 차이를 만들지만, 타고난 재능의 차이에서 비롯된 결과는 아니다. 결과적으로 분업은 인간 본성에 따라 단 한 번도 주어지지 않고 발전을 거듭해 전통 사회와 현대 사회에서 그 개념이 달라진다. 전통 사회에서 직업의 종류는 대략 20~30가지였던 반면 현대에 들어서는 수천 가지, 많게는 수만 가지에 이른다.

처음에 스미스가 제시한 분업 개념은 긍정적으로 보인다. 분업이 생산성 향상을 이끄는 가장 중요한 요소가 된 과정을 강조하기 때문이다. 『국부론The Wealth of Nations』 1편에서 스미스는 핀 공장에서 전개되는 노동을 서술했다.

> 한 사람은 철사를 끌어당기고, 또 한 사람은 철사를 똑바로 펴고, 다음 사람은 철사를 자르고 네 번째 사람은 철사의 끝을 뾰족하게 만들고, 마지막 사람은 핀의 머리가 들어앉도록 윗부분을 간다. 핀 머리를 만드는 작업에는 두세 가지의 별도 공정이 필요하고, 머리를 붙이는 것도 핀을 가는 것도 독특한 작업이다. 핀을 종이에 넣는 작업도 그 자체가 일이다. 이렇게 보면 핀 제작은 1개의 별도 공정으로 나뉜다. 같은 사람이 2~3개의 공정을 맡아 작업하는 공장도 있지만 일부 공장에

서는 각 공장마다 다른 근로자들이 작업한다.

(Smith (1776) 1981: 15)

스미스는 한 근로자가 독립적으로 일해서 생산할 수 있는 핀의 수를 비교해볼 때, 분업을 사용하면 근로자 한 명이 하루에 생산할 수 있는 핀의 수가 엄청나게 증가한다는 사실을 입증해보였다. 이런 형태의 노동에서 개인적 만족을 누리지 못하는 것은 분명하다. 게다가 핀 공장에서 일하느니 차라리 머리에 총을 맞는 편이 낫겠다고 생각하는 사람도 있을지 모른다. 이런 종류의 노동은 사람에게 적절한 노동으로 여겨지지 않는다. 스미스 자신도 이 점을 확실히 알고 있었다.

> 분업이 발달하면서 노동으로 생계를 유지하는 사람들은 '아주 적은', 대개 두세 단계의 단순한 공정에 참여한다. 근로자는 일상적 노동 과정을 통해 지식을 형성한다. 몇 가지 되지 않는, 그리고 결과도 언제나 같거나 비슷한 단순한 노동 공정을 수행하면서 평생을 보내는 사람들은 자기 지식을 활용할 기회를 얻지 못하고, 발생할 리 만무한 어려움을 해결할 수단을 창의적으로 찾을 기회도 누리지 못한다. 따라서 근로자들은 능력

을 발휘하는 습관을 자연스럽게 잊어버리고 대개 어리석고 무지하게 변해간다. 정신은 무너져서 이성적 대화를 즐기거나 그런 대화에 끼어들 수 없고, 너그럽고 고상하거나 온화한 감성을 품을 수 없는 탓에 결국 사생활의 일상적 의무에 대해서도 올바른 판단을 내리지 못한다. …… 근로자의 업무 솜씨는 지적·사회적·호전적 미덕을 희생하고 얻어낸 것으로 보인다. 발전된 문명사회에서 정부가 방지 노력을 기울이지 않는다면 엄청난 수의 가난한 근로자들이 이런 상황에 빠져들 수밖에 없다.

(ibid.: 781~782)

인용문에서도 분명하게 드러났듯이 스미스는 마르크스가 등장하기 100년 전에 공장 체계의 소외 효과를 관찰해냈다. 『국부론』에는 두 구절의 차이가 두드러지게 적혀 있다. 첫 번째 구절은 낙관적 관점으로 분업이 생산성에서 더 나아가 인류에 크게 기여한다고 했다. 반면에 두 번째 구절은 극도로 암울하고 비관적이다. 생산성 증가 과정이 근로자의 도덕적 지적 특성을 오염시켜 결국 인간성을 파괴한다는 것이다. 이런 맥락에서 볼 때 『국부론』은 비극적 내용으로 생각될 수 있다.

스미스는 가난한 사람의 복지에 가장 큰 관심을 쏟았다. 스미스가 썼듯이 "구성원의 다수가 가난하고 비참한 사회는 결코 번성할 수도, 행복할 수도 없다."(Ibid; 96) 그는 한편으로는 근로자의 복지를 위해, 다른 한편으로는 경제성장을 이끌기 위해 근로자의 임금 수준을 가능한 한 끌어올려야 한다고 주장했다. 가난한 사람들을 원하는 곳에서 살지 못하게 하고, 그 결과 원하는 사람에게 노동력을 제공하지 못하게 한다는 이유를 들어 기존 빈곤법을 비난했다. 당시 빈곤법은 가난한 사람의 이익을 대변하지 않았다. 또한 스미스는 국가가 가난한 사람의 교육비용을 지불하고, 그들에게 지워진 노동조건의 결과를 무효화하고, 가난한 사람들이 공공 토론에서 더욱 큰 목소리를 낼 수 있게 해주어야 한다고 주장했다.

스미스가 이렇듯 가난한 사람의 좋은 친구였다면, 어떻게 핀 공장의 사례에서 묘사했던 작업 조건을 지지할 수 있었을까? 간단하게 말해서 그런 작업 조건이 가난한 사람에게 가장 이로우리라 믿었기 때문이다. 하지만 마르크스는 스미스보다 더욱 과감한 접근 방법을 마음에 그리고 있었다. 스미스가 근로자의 노동 조건이 점진적으로 향상되기를 바라면서 적당한 사실주의를 추구했던 반면, 마르크스는 훨씬 급진적인 방법인 사회주의 사회 이상의 실현을 추구했다. 현대 노동의 특징은 스스로 원하는 노동의 종류와 장소를 자유롭게 선택할 수 있다는 점이다. 마르크스는 『독일 이데올로기The German Ideology』에서 이렇게 썼다.

> 누구도 활동 영역을 독점하지 않고 어떤 활동에서도 자기 계발이 가능한 공산주의 사회는 전반적으로 생산을 통제하기 때문에 근로자가 오늘은 이 일을 했다가 내일은 다른 일을 할 수 있고, 아침에 사냥을 나갔다가 오후에는 낚시를 할 수 있다. 나의 희망사항이기는 하지만 수렵가나 어부, 목동, 비평가로 살지 않고 저녁에 가축을 돌보고 저녁 식사를 마친 후에 비평을 할 수도 있다.
>
> ([1845] 1994: 132)

따라서 사람은 특정 종류의 근로자가 아니라 인간인 상태로 일한다. 노동은 직접적인 자아 표현으로 스스로에게 상당한 만족을 안겨준다. 마르크스는 근로자에게 인간성을 안겨줄 노동 조건을 마음에 그렸다. 인간 잠재력을 온전하게 인식하는 세계를 꿈꿨던 것이다. 그러려면 어떤 노동을 해야 할까? 위의 인용문에서 언급한 노동이 결코 공장에서 이루어지지 않는다는 사실은 중요하지 않다. 마르크스가 산업 근로자가 아닌 중세시대 장인을 기준으로 삼았기 때문에 그의 노동관이 시대에 뒤떨어진다고 주장할지 모르겠다. 공장 노동자들이 완제품이 아니라 조립 가능한 부품을 생산한다는 점을 고려한다면, 노동에 대한 마르크스의 이상을 실현하기 위해서는 아마도 공장을 모두 폐쇄해야 할 것이다. 공장 노동의 본질과 마르크스의 소외 개념을 생각하면 소외되지 않는 상태로 공장에서 노동하기란 사실상 불가능해 보인다.

비소외 근로자는 자유로워질 것이다. 마르크스가 생각하는 자유에는 인간 정수의 관점에서 정의한 이상理想의 실현이 포함된다. 진정한 자유를 달성하려면 '종種의 본질'을 깨닫는 집단적 과정에 참여해야 한다. 따라서 마르크스는 자유주의 전통을 지닌 '부르주아 근성의 자유'를 경멸했고, 헌법으로 보장된 개인의 자유를 기꺼이 희생시키려 했다. 인류 전체의 해방을 목적으로 심는다면 이런 자유의 희생쯤은 작은 대가로 보인다.

초기 원고에서 마르크스는 여전히 노동에서 자유를 찾았고, 여가에서만 자유를 찾는다는 이유로 애덤 스미스를 비판했다. 하지만 나중에는 태도를 바꿨다. 『자본론Capital』 제3권에서는 노동을 '필요 영역'에, 여가를 '자유 영역'에 포함시켰기 때문이다.(Marx [1894] 1993: part VII, ch.48) 그의 주장에 따르면, 사실상 모든 노동은 필요를 바탕으로 하고, 이런 노동은 자유롭지 않다. 자유 영역에 속한 노동이 없기 때문에 다른 곳에서 자유를 찾아야 한다. 마르크스는 생산성이 증가한 덕택에 필요를 충족시킬 수 있는 노동의 양이 감소했다고 인정했다. 하지만 문명화 과정으로 인간의 필요는 증가하게 마련이다. 따라서 생산성 증가로 거둔 이익은 필요의 증가 때문에 잠식당한다.

이에 대해 마르크스가 내세운 실용적 해결책은 인간이 끊임없이 일해야 하고 따라서 필요 영역에 남아 있어야 한다는 것이었지만, 노동량을 감소시키기 위해 꾸준히 노력해서 노동을 더욱 '인간미 넘치게' 만들 수 있다고도 했다. 물론 해결책 가운데 실용성이 떨어지는 것은 공산주의 혁명이다. 마르크스는 공산주의 혁명에 신념을 가졌고, 자본주의를 유지하면서 근로 조건을 향상시키려는 노력에 대해서는 회의적이었다. 근로 조건의 향상 자체가 근본적 변화, 즉 자본주의 자체를 제거할 필요성을 가릴 수 있기 때문이었다. 자본주의의 핵심은 근로자의 착취이므로 자본주의가 자체 경로를 거치면서 최대한 추해지도록 놔두는 편이 훨씬 나을 것이었다. 그래야 반드시 혁명이 일어날 수 있기 때문이다.

늙은 마르크스는 자유 영역을 전적으로 여가 안에 두었지만 젊은 마르크스는 진정한 노동, 비소외 노동 안에 두었다는 사실이 흥미롭다. 결과적으로 늙은 마르크스는 젊은 마르크스가 비판했던 스미스와 같은 견해를 갖게 되었다. 그에 따르면, 인간의 삶은 비생산적 자유(여가)와 생산적 노예제도(노동)로 이루어진다.『자본론』제3권을 저술했을 당시에 마르크스가 공산주의 체제에서도 노동 분야에서의 소외는 피할 수 없다는 점을 깨달았다고 주장할 수 있다. 공산주의에서도 '자유 영역'은 여가에서만 찾아볼 수 있었지만 노동은 반드시 '필요 영역'에 남아 있었다. 마르크스는 이점을 직접적으로 거론하지는 않았지만 비소외 노동의 개념까지도 포기한 것 같았다. 공산주의 국가에서 근로자의 노동 조건을 살펴보면 근로자가 자본주의 국가에서 일할 때보다 소외되지 않는다고 결론을 내릴 근거가 거의 없다.

마르크스의 신념과는 반대로 보통 근로자가 '필요 영역'에서 '자유 영역'으로 옮겨갈 수 있었던 것은 공산주의가 아니라 자본주의 덕택이라고 주장하고 싶을 수도 있다. 그렇다면 비소외 노동이라는 이상이 자본주의자, 소비주의자 그리고 후기 현대 사회의 미래가 될 수 있을까? 오늘날 노동이 어느 때보다 많은 사람에게 본질적 만족을 안겨준다면 틀린 말일까? 노동은 사람들에게 자신을 표현하고 스스로 인간임을 나타내게 하는 요소가 아닐까?

자기 재능을 발달시키고 더욱 많은 자유를 누리게 하기 때문에 오늘날 노동이 인간 삶에서 차지하는 비중은 어느 때보다 크다는 이야기를 자주 읽고 듣는다. 간단히 말해서 현대 노동은 아리스토텔레스가 묘사한 여가와 많이 비슷해야 한다. 하지만 과연 그럴까? 그런 종류의 노동도 있고 그렇지 않은 노동도 있다. 패스트푸드 음식점에서 햄버거를 만드는 등 맥잡MacJobs*에 종사하는 사람은 오랜 산업 정제에 속한 선형적 근로자에 비해서 노동을 통해 재능을 개발하고 의미를 발견할 기회를 누리지 못한다. 노동에서 얻는 본질적인 만족의 양은 직업마다 다르다. 하루 종일 정보를 취급하여 사무실에서 일하는 사람은 어떨까? 텔레비전 시리즈 〈더 오피스The Office〉는 이런 종류의 노동이 얼마나 정신이 멍하도록 지루하고 성취감을 주지 못하는지 설명한 완벽한 사례. 콜센터에서 일하면서 쉴 새 없이 전화를 받거나 텔레마케팅을 하는 일은 과거로 치면 헨리 포드 공장의 조립 라인에서 일하는 것과 같다.

현대 노동을 가장 낙관적으로 묘사한 글에서 근로자는 미국 도시 연구이론가 리처드 플로리다Richard

---

*   단조롭고 급료가 낮은 일 - 역주

Florida가 명명한 '창의적 계급'의 일원처럼 보인다. 창의적 계급은 '의미 있는 새로운 형식'을 만들어내는 직업에 종사하는 사람들로 구성된다.(Florida 2002: 5) 창의적 계급에 대한 명쾌한 정의는 없지만, 플로리다는 현대 미국 노동력의 30퍼센트 정도가 이 계급에 속하리라 추정한다. 그는 한 발 더 나아가 창의적 계급의 구성원은 "창의성과 개성, 차이점, 장점에 가치를 두는 공통 경향"으로 단결한다고 주장했다.(Ibid: 8) 오늘날 이런 경향은 배타적 특징이 아니라 오히려 주류라고 말할 수 있다. 개인적으로 플로리다의 '창의적 계층'의 이론에 약간 회의적이기는 하지만 나는 그의 이론이 여전히 중요하다고 생각한다. 그가 주장하는 창의적 계급의 특징은 이 책에서 소개한 소명 개념의 낭만적 변화와 같다고 볼 수 있다. 나는 플로리다가 '창의적 계급'을 특정 계급으로 보기보다는 현대 노동의 모습을 제시한 광범위한 사고방식이나 규범으로 생각했다고 주장하고 싶다. '창의적 계급' 구성원은 오늘날의 '모범 근로자'다. 그들은 자아실현의 낭만적 이상을 구현하는 사람들로, 이런 자아실현이 그들 삶의 의미를 이루는 핵심이어야 한다.

여기서 가장 분명하게 떠오르는 의문은 이렇다. 실제로 이들은 자아실현과 의미 있는 노동을 달성하고 있을까? 노동의 이상과 현대 후기 노동의 실제에 어느 정도나 일치할까? 한동안 유연성 개념이 유행처럼 번졌다. 노동 분야에서 유연성은 사람들에게 자기 삶에 대한 통제력을 더욱 많이 부여하는 것 같다. 주어진 임무의 수행시기와 방법을 결정할 수 있는 자유를 더욱 많이 누릴 수 있기 때문이다. 그러나 사회과학자 리처드 세네트Richard Sennett는 정반대의 견해를 제시하면서, 유연성이 근로자의 직장 생활을 더욱 예측할 수 없게 만들어 오히려 근로자에게서 통제권을 빼앗는 결과를 낳는다고 주장했다. 근무처와 근무시간이 불안정해지면서 노동이 제공하는 정체성 또한 불안정해진다는 뜻이다. 세네트는 이렇게 주장했다.

> 새로운 자본주의에서는 시간 조건이 근로자의 특성과 경험 사이에 갈등을 조성한다. 분리되는 근무 시간이 자기 특성을 지속적인 이야기로 만드는 능력을 위협한다.
>
> (Sennett 1998: 31)

세네트의 주장에는 수긍할 만한 점이 있다. 나의 아버지 세대는 평생 동안 한두 군데, 기껏해야 세 군데의 직장에서 일했다. 새 기술이 직장에 도입되면 새로 습득해야 했지만 대부분은 기본적인 기술을 가지고 평생 일할 수 있었다. 하지만 오늘날 우리들은 끊임없이 이 직업, 저 직업을 전전하는 방랑자가 되었다. 사회는 우리가 계속 직업을 바꾸면서 옛 기술을 버리고 새 기술을 습득하기를 기대한다. 평생 일하면서 기본 기술을 지속적으로 갈고 닦는 것은 새로운 경제 체제에서는 시대에 뒤처지는 개념이다. 오늘날 노동 시장에 진입하는 사람들, 특히 고학력자들은 퇴직하기 전에 기본 기술을 여러 번 바꿔야 할 것이다. 그들은 평균적으로 한 직장에서 몇 년 일하다가 직장을 바꿀 것이고, 새로운 직업을 수행하기 위해 기술을 새로 습득해야 한다. 물론 새로운 학습이 흥미진진할 수도 있지만 계속 직장을 옮겨 다닌다면 진정한 의미에서 한 분야를 숙달하기 어려워서 깊이 있는 기술의 소유가 불가능할 것이다.

오늘날 '영구직'과 '임시직'의 경계가 점점 흐려지고 있다는 주장도 있다. 물론 직업 안정성 면에서는 둘 사이에 주요한 차이가 있다. 그러나 사람들의 실질적 노동 상황을 살펴보면 '영구직'은 점점 '임시직'이 되고 있으며 반대의 경우도 마찬가지다. 1860년대에 존재했던 임시직 소개소가 2차 세계대전이 끝나면서 주요 산업으로 떠오르고 과거 20년 동안 최대 성장률을 기록하고 있다. 서구 세계에서 수직으로 가상 급속하게 늘어나고 있는 근로자 집단 또한 임시직 소개소에 고용된 사람들이다. 미국 최대의 개인 고용주도 임시직 소개소인 맨파워 사Manpower Inc.다. 임시직 근로자의 직업 만족도는 처음에는 높지만 시간이 흘러 '영구 임시직'이 되면 떨어진다.

내 친구는 노르웨이 최대 신문사와 단기계약을 맺고 4년 이상 일했다. 친구는 거대 신문사의 기자가 되는 것이 꿈이었기 때문에 처음에는 뛸 듯이 기뻐했다. 하지만 달이 바뀌고 해가 바뀌어도 여전히 영구직으로 옮기지 못했고, 계약연장 문제로 휴가 계획도 마음대로 짜지 못하고 신문사에서 책정한 예산에 따라 계약조건의 변화를 겪으면서 점차 심신이 지쳐갔다. 어느 날 친구는 참을 만큼 참았다면서 단기고용 계약연장을 거절했다. 신문사를 떠나야 한다는 뜻이었다. 친구는 내게 이런 말을 남겼다. "신문사를 나올 때 여러 해 동안 나를 괴롭힌 남자 친구를 떠나는 것 같은 느낌이 들었어. 애석하게도 남자 친구를 사귀어본 적은 없지만, 연인과 헤어졌을 때 어째서 오래 전에 헤어지려는 결단을 내리지 못했는지 후회가 된다던 사람들의 말이 생각났어." 임시직 근로자는 영구직 근로자가 갖는 '주인의식'을 느낄 수 없기 때문에 노동에서 의미를 찾기 어렵다. 게다가 임시직에 종사하면 직업을 옮길 때마다 다른 성격의 업무를 수행하게 되어 한 가지 업무를 제대로 습득할 기회를 누리지 못하는 경우가 많다.

앞에서 살펴봤듯이 마르크스는 숙련성을 요하는 비소외 노동 또는 의미 있는 노동의 개념을 세웠다. 분업이 노동의 의미를 축소시키는 주요 이유는 숙련 가능성을 해치기 때문이다. 스미스가 인용했던 핀 공장의 사례에서, 근로자들이 철사를 끌어당기거나, 똑바로 펴거나, 자르는 기술을 얼마나 발달시킬 수 있을까? 근로자는 자신에게 부과되는 노동을 좀 더 능숙하게, 아마도 더욱 효과적으로 수행할 수는 있겠지만 진정한 기술을 터득하기에는 역부족이다. 이때 창의성을 발휘할 여지는 얼마나 될까? 혹시 있을지도 모르는 일이나, 거의 없다고 봐야 할 것이다.

내가 맨 처음 기술을 접한 것은 청소 보조로 일하기 시작하면서였다. 청소는 목공 등의 활동과 달라서 그다지 기술이 필요하지 않다고 주장할지 모르겠다. 하지만 청소에도 분명히 기술이 필요하다! 나는 청소 보조로 8년 동안 일했는데 그중 5년은 케첩, 겨자, 마요네즈, 샐러드드레싱 등을 생산하는 이둔idun에서 보냈다. 청소팀은 공장의 생산 공정이 끝나고 나서 청소를 시작했는데, 몇 시간이 걸릴지 미리 알 수는 없었다. 어떨 때는 두 시간 만에 청소가 끝나서 저녁 일찍 퇴근할 수도 있었지만, 자정을 넘어서까지 일해야 할 때도 있었다. 일은 힘들었지만 임금이 높은 편이어서 나를 포함한 청소팀은 꽤 재미있게 일했다.

대부분 사람들은 내가 했던 노동을 '기술수준이 낮은' 직업으로 분류할 것이다. 하지만 내 생각은 다르다. 맨 처음 내게 주어진 작업은 바닥을 닦고 호스로 커다란 금속 컨테이너를 씻는 일이었다. 그 다음 단계에서는 기계를 세척했는데 처음에는 작고 간단한 기계에서 더 크고 복잡한 기계로 옮겨갔다. 기계를 분해하고 모든 부속을 씻은 다음에 기름을 쳐서 다시 조립해야 했다. 커다란 기계에 들어가는 부속의 개수는 정말 많다. 공장에 있는 모든 기계를 분해하고 재조립하는 빙법을 익히기까지 줄잡아 2년이란 시간이 걸렸다. 보통 비누를 시작으로, 적절한 보호 장비를 갖추지 않으면 피부에 그대로 상처를 내는 세제에 이르기까지 세제의 종류도 상당히 많았다. 물의 온도도 문제였다. 예를 들어 표면에 묻은 계란 자국을 없애려면 뜨거운 물을 사용하면 안 된다, 단백질이 응고되어 훨씬 딱딱하게 들러붙기 때문이다. 섞을 수 있는 세제도 있지만 용기가 폭발할 가능성 때문에 섞으면 안 되는 세제도 있었다. 어떤 화학물질은 독성이 매우 강해서 위험했다. 그곳에서의 근무는 응용 화학의 특별 훈련 과정 같았다. 신참은 누구나 동일한 훈련과정을 거쳐야 하므로, 처음에는 단순한 임무를 맡아 일일이 감독을 받고 올바로 일하는 방법을 듣고 보아야 한다. 시간이 지나 다양한 임무의 수행방법을 제대로 이해하기 시작하면서 차츰 더 많은 자율성을 부여받기 시작했다.

내 직업은 특성상 결코 '기술 수준이 낮지' 않아서, 수월하게 일할 수 있기까지는 몇 년이 걸렸다. 내가 그 후에 종사했던 소위 '기술 수준이 높은' 몇몇 직업도 청소보다 훨씬 빠르고 쉽게 습득했을 정도였다. 근무 환경 또한 경쟁적이었다. 신속하게 일하면서 완벽한 결과를 낸 경우에는 커다란 자부심을 느꼈다. 하루 작업이 끝나고 감독의 검사를 받을 때, 구성원이 소홀히 일했다는 사실이 드러나거나 스스로 세운 기준에 미치지 못한 경우에는 어김없이 수치심을 느꼈다. 우리 모두에게는 주어진 임무를 제대로 수행하겠다는 장인 정신이 있었다.

2년 동안 청소하는 일을 하고 있을 때 지역 신문의 프리랜서 스포츠 기자 자리를 제의 받았다. 나는 제안을 받아들였다. 나중에 스포츠 기자로는 그다지 자질이 없다는 사실이 드러났으므로 실제로는 잘못 내린 결정이었다. 나는 테니스와 무술을 제외하고는 스포츠에 전혀 관심이 없었다. 내가 미식축구에 대해 쓴 기사에는 스포츠를 향한 열정이 전혀 담겨 있지 않았다. 나는 스포츠 기자로는 서툴지만 청소는 능숙하게 할 수 있었으므로 신문사를 그만두고 청소직으로 돌아가기로 했다. 청소를 하면 가치 있는 일을 하고 있다는 느낌이 들었고 작업을 제대로 마치고 나면 만족을 느꼈기 때문이다.

기술을 습득할 때마다 적절한 기술을 구사하는 사람들로 구성된 공동체에 소속되어 있다는 기분이 든다. 우리는 자신이 진입하는 사회의 규범을 따라야 한다. 처음에는 기본을 습득해야 하므로 개인적 창의성을 발휘할 여지가 거의 없다. 기술은 말로 듣기만 해서는 배울 수 없고 실제로 일하면서 익혀야 한다. 이런 과정은 과학뿐 아니라 목공이나 청소에도 마찬가지로 적용된다. 기술 습득은 습관 개발과 관계가 많다. 습관 개발은 세계와 관계를 맺는 방식이기 때문에 곧 세계를 이해하는 것이다.

기술을 습득하면 꽤나 복잡한 작업을 매우 쉽게 수행할 수 있고, 그 자체가 만족의 원천이다. 이는 테니스를 비롯한 운동을 즐기는 것과 비슷하다. 테니스가 그토록 재미있을 수 있는 주요 이유는 테니스의 기술적 어려움을 극복하고 마침내 공을 자유자재로 다루게 되면 마음 깊은 곳에서 우러나는 진정한 쾌감을 맛보기 때문이다. 살다 보면 모든 일이 술술 풀리는 날이 있다. 이럴 땐 이런저런 일이 너무나 쉽게 해결되어 스스로 마치 아무런 저항도 받지 않고 세상을 살아가는 것처럼 보인다. 자신과 외부 세계 사이에 거리가 전혀 없고 근본적 조화가 존재하는 것 같다. 이런 현상은 운동할 때도, 노동할 때도 일어날 수 있다. 노동에 온전히 빠져들면 별개의 자아가 있다는 인식이 사라지고 자신과 활동이 하나가 된다. 시간과 자아인식을 잃고 '몰입'을 경험할 때 모든 요소가 조화를 이룬다.

몰입 분야에서 세계를 선도하는 이론가인 심리학자 미하이 칙센트미하이Mihaly Csikszentmihalyi는 몰입이 인간에게 가장 바람직한 상태라고 말했다. 몰입하면 활동에 전적으로 몰두해서 스스로 동기를 부여한다. 몰입하면 활동 자체에 푹 빠져서 순수한 행복을 느낀다. 노동이 최고 상태에 이르면 시간의 흐름조차 느끼지 못하고 현재에 완전히 파묻힌다. 반면에 노동이 최악의 상태로 떨어지면 시간은 끔찍한 짐이 된다. 시계를 보며 시간이 빨리 지나가기를 바라지만 그럴수록 시간은 더욱 천천히 흐르는 것처럼 느껴진다. 현재에 속하지만 이는 바람직하지 못한 종류의 현재다. 몰입할 때와 그렇지 않을 때는 완전히 다른 두 형태의 '현재'가 있어서 시간에 대한 경험이 각각 다르다. 한편에서는 시간이 날아가지만 반대편에서는 시간이 기어간다.

노동에서 의미를 발견하려면 활동 자체를 즐겨야 한다. 이런 종류의 의미는 대개 배우 빠르게 시들해지기 때문이다. 우리가 실천하는 활동의 전반적 목적과 우리가 실제로 풍요롭고 의미 있는 삶을 살고 있는지 여부를 묻는 좀 더 거대하고 실존적인 의문도 있다. 이런 의문은 노동보다 더 광범위하게 삶 전체가 대상이다. 노동이 삶에서 결정적으로 중요한 부분이기 때문에 의미 있는 삶을 살려는 현대인의 전반적 시도와 노동이 얼마나 조화를 이루는지에 대한 의문도 있다. 우리는 살아가면서 목적이 필요하고 노동은 목적의 일부다. 버트린트 러셀이 말했듯이 "삶을 행복하게 살아가려면 확고한 목적만 있어서는 안 된다. 하지만 목적은 행복한 삶에 없어서는 안 되는 조건이고, 확고한 목적은 주로 노동을 통해 실현된다."([1930] 1996: 169) 그렇다면 이런 의문이 떠오른다. 궁극적으로 우리는 어떤 종류의 확고한 목적을 추구하고 있을까? 예를 들어 가족을 부양하고 자녀에게 좋은 교육을 베풀기 위해 단순히 임금을 받기 위한 것일까? 이것도 의미 있는 활동임이 분명하지만 여기서의 의미는 내면적 의미가 아니라 임금 형태를 띤 외면적 의미다. 직업에는 도구로서의 가치만 있기 때문에 확고한 목적이란 있을 수 없다고까지 말하는 사람이 있을지 모른다. 노동 자체는 아무 차이도 만들어내지 않는다. 따라서 노동을 정말 의미 있는 활동으로 경험하려면 직업 자체에서 단순히 임금이 아닌 내면적 의미를 찾아야 한다.

우리는 타인의 삶을 변화시키고 싶어 한다. 이런

소망은 노동에도 적용된다. 대부분의 사람들은 타인의 삶에 긍정적으로 공헌하지 않는 직업을 유지하기가 힘들다. 철학자 한나 아렌트Hannah Arendt는 끊임없이 떠다니는 제한된 시간을 살면서 언젠가는 죽을 운명을 타고난 인간들에게 노동이 불변과 영속성을 제공한다고까지 주장했다.(Arendt 1958) 우리는 노동이 자신보다 오래 남으리라 희망하면서 자신이 살았다는 흔적을 노동을 통해 세상에 남긴다. 아렌트의 말이 옳다면 우리의 노동관은 궁극적으로 현세를 초월하여 뻗어나갈 것이다. 우리는 스스로 변화를 일구어냈다는 흔적을 세상에 남길 필요를 느낀다.

아렌트의 주장이 과장처럼 들릴 수도 있다. 앞으로 영원히, 이니 그보다 훨씬 짧은 기간 동안이나마 기억될 수 있는 흔적을 노동을 통해 남기겠다는 꿈을 품고 있는 사람은 거의 없기 때문이다. 하지만 나는 아렌트의 주장이 어느 정도 타당하다고 생각한다. 로버트 노직Robert Nozick이 『무정부, 국가 그리고 유토피아Anarchy, State and Utopia』에서 주장하여 유명해진 경험 기계 개념을 간략하게 살펴보면서 그 이유를 알아보자.

> 원하는 경험을 제공하는 경험 기계가 있다고 상상해보자. 매우 탁월한 신경심리학자가 뇌를 자

극해서 자신이 위대한 소설을 쓰고 있거나, 친구를 사귀거나, 흥미진진한 책을 읽고 있다 느끼고 또 그렇게 생각할 수 있다. 그러려면 기계를 사용하는 내내 뇌에 전극을 연결시킨 채 탱크에 둥둥 떠 있어야 한다. 자기 삶의 경험을 미리 짠 후에 평생 이 기계에 자신을 연결시켜 놓아야 할까?

(Nozick 1974: 42)

흥미로운 질문이다. 경험 기계의 도움을 빌리면 노동의 관점에서 가상이기는 하지만 멋진 경력을 맛볼 수 있다. 열다섯 살에 첫 박사학위를 따고 스무 살에 첫 노벨상을 수상한다. 개인 회사를 시작해서 2~3년 안에 마이크로소프트보다 가치 있는 회사로 키운다. 자신의 발명으로 세계 온난화와 기아 등의 문제를 해결해 인류에 엄청난 이익을 안겨 준다. 간단하게 말해서 자신을 누구보다 중요한 인물로 만들 수 있다. 경험 기계를 사용해서 파란만장하지 않고 평탄한 경력을 가지려면 게으름쟁이가 되겠다고 선택할 수도 있다. 게다가 삶의 다른 측면도 경력 못지않게 멋지게 만들 수 있다. 물론 유일한 단점은 모두 허구라는 사실이다. 하지만 경험 기제에 연결되어 있을 때만큼은 자기 행동에 현실성이 없다는 사실을 깨닫지 못하고 완벽하게 현실로 느껴서 스스로가 자신에게 더할 나위 없이 흡족하다.

그렇다면 이런 기계에 자신을 연결하겠는가? 대부분의 사람들은 싫다고 대답한다. 그러겠노라 대답하는 사람들은 대부분 소수의 젊은 철학도 뿐이다. 자신을 기계에 연결하기로 결정한 사람의 유명한 사례를 허구에서 찾아보면, 영화 〈매트릭스〉의 등장인물 사이퍼Cypher가 있다. 사이퍼는 스스로 비참하다고 생각하는 현실 세계에서 계속 살기보다는 매트릭스 안의 가상현실에 다시 들어가고 싶어 한다. 하지만 대부분의 사람들은 매트릭스가 존재한다는 생각만으로도 오싹해한다. 왜 그럴까? 실재하지 않으므로 나중에 세상에 자신의 흔적을 남기지 못하기 때문이다. 사람들은 자기 활동에 포함된 목적을 볼 수 있어야 한다. 노동이 의미를 갖추려면 변화를 일구어내야 한다. 하지만 경험 기계에 의존할 활동은 진정한 변화를 이끌어내지 못하고 타인의 삶에도 전혀 기여하지 못한다. 결과적으로 자신이 전혀 중요하지 않은 존재로 남는다.

유의미한 삶을 살려면 무언가에 바람직하게는 누군가에게 관심을 기울여야 한다. 그러면 삶의 목표가 생긴다. 무언가에 관심을 기울이는 것은 자기 모습을 표현하는 형태로 나타난다. 따라서 관심은 자신에게 정체성을 부여한다. 관심을 기울일 수 있는 대상에는 원칙적으로 제한이 없다. 하지만 관심을 기울여서 자기 삶에 의미와 정체성을 부여하려면 관심에 부합할 만한 가치가 그 대상에 있어야 한다.

물론 삶의 많은 시간을 보내는 활동에 어떤 목적이 담겼는지 알지 못할 때가 많다. 루터와 칼뱅을 따르는 프로테스탄트와는 달리, 자기 노동에 적용할 수 있고 스스로 알아내지 못하더라도 확실하게 목적을 제시해줄 수 있는 숭고한 형이상학이 우리 현대인에게는 부족하다. 우리는 노동을 통해 의미를 느끼지 못하면 고통스러워한다. 어떨 때는 노동이 엄청난 의미를 지니고 있는 것 같아 상대적으로 다른 활동이 모두 시들해질 때도 있다. 따라서 노동은 의미를 제공하는 여러 활동의 하나일 뿐이라는 사실을 잊기 쉽다. 노동의 경험은 심오한 개인적 성취로부터 철저한 권태에 이르기까지 다양한 의미를 가진다.

3

노동의 분배

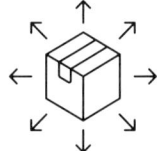

다른 직업에 비해 매력적인 직업도 있지만, 같은 직업을 놓고 모두가 똑같은 정도의 매력을 느끼는 것은 아니다. 스포츠 기자만 해도 그렇다. 무료 티켓, 좋은 관람 좌석, 운동선수와 매니저에게 접근할 수 있는 기회를 포함한 특권을 누리면서 일을 즐기는 사람이 대부분일 것이다. 하지만 스포츠 자체에 그다지 관심이 없었던 나는 임금을 제외하고는 별로 보람을 느낄 수 없었다. 내가 사직하고 나서 금세 충원이 이루어진 것으로 보아도 스포츠 기자가 되려는 사람이 실제 수요보다 많은 것 같다. 물론 상황이 정반대여서 구직자보다 일자리가 더 많은 직업도 있다.

'공정성'이 노동에서 내면적(재미, 자아실현 등) 재화와 외면적(임금, 이차적 혜택 등) 재화의 균등한 분배를 뜻한다면 노동시장은 결코 공정하지 않다. 노동시장에서는 두 가지 재화 모두 불균등하게 분배되기 때문이다. 상대적으로 어느 한쪽 재화를 좀 더 많이 제공하는 직업도 있고, 두 가지 재화 모두 많이 제공하거나 적게 제공하는 직업도 있다. 때때로 자신에게 어떤 종류의 재화가 중요한지 결정해야 한다. 10대 시절 나는 주식 중개인이 되어 돈을 많이 벌겠다는 야심을 품었다. 하지만 철학에 눈을 뜨면서 삶에 급격한 변화가 일어났다. 외면적 재화가 많은 직업을 추구하던 내가 삶의 방향을 틀어 내면적 재화가 많은 직업을 좇기로 했던 것이다. 그 후로도 철학자보다 훨씬 많은 수입을 거둘 수 있는 직업을 몇 번 제의 받았지만 어떤 직업에서도 철학을 버릴 만큼의 매력을 느끼지 못했다. 그만큼 내면적 재화가 적어 보였다. 그런 직업들 가운데는 내게 철학이 그랬듯이 재미있는 동시에 개인적으로 보람을 느낄 수 있는 직업이 있을 수 있다. 하지만 내 생각은 달랐다. 당시에 나는 스스로 직업을 선택할 수 있는 위치에 서 있었다. 하지만 모든 사람이 그런 위치에 설 수 있는 것은 아니다. 운이 좋아서 내면적, 외면적 재화 모두 많이 거둘 수 있는 직업을 선택하는 사람이 있는가 하면 두 가지 재화 모두 적은 직업에 종사할 수밖에 없는 사람도 많다. 이런 차이는 어떻게 정당화할 수 있을까?

플라톤과 아리스토텔레스도 이런 문제를 제기했다. 그리스 철학자들은 노동을 얼마간 무가치한 활동으로 생각했다. 따라서 인간이 적절하게 잠재력을 발달시킬 수 있다면 노동을 할 필요가 없었다. 그러면서도 실제로 사람들이 서로 다른 노동에 종사할 필요가 있다는 사실을 깨달았다. 육체노동자가 되어야 하는 사람도 있고, 상인이 되어야 하는 사람도 있다고 봤다. 이런 두 가지 관점이 어떻게 조화를 이룰 수 있을까? 명쾌하게 답변할 수 없는 성격의 질문이다. 사람의 품위를 떨어뜨린다고 여겨지는 직업도 있다. 그렇다면 특정인이 품위를 크게 떨어뜨리는 식업에 종사해야 하는 이유는 무엇일까? 이는 사회 정의를 묻는 중요한 질문이다.

『국가론』에서 플라톤은 이상적인 도시 국가에 대해 쓰면서 매우 자세하게 설명하지는 않았지만 필수 사항을 제시하는데, 근본적인 특징의 하나로 분업을 언급한 것이 흥미롭다. 플라톤은 사람들이 온갖 종류의 일을 하기보다는 전문화된 일을 할 때 능력을 발휘한다고 주장했다.(Republic, 374a~c) 여기서 결정적으로 떠오르는 의문은, 다양한 직업을 시민에게 어떻게 분배하는가다. 플라톤은 완벽하게 공정한 이상 국가를 묘사하려 했으므로 직업은 완전히 합리적이고 공정하게 분배되어야 한다. 통치자가 변덕을 부리거나 제비뽑기처럼 무작위로 육체노동을 강요해서는 안 된다. 플라톤은 사람마다 재능이 다르므로 각자의 재능에 맞춰 직업을 분배해야 한다고 주장했다.

선천적으로 자신에게 적합한 임무는 서로 다르다.

(370a~b)

신체가 허약한 사람에게는 상인의 직업을, 정신이 허약한 사람에게는 육체노동자의 직업을 분배할 수 있다. 플라톤은 사람마다 고유 특징이 있어서 자신에게 맞는 직업이 존재하고, 본성에 가장 적합한 직업에 종사하는 것이 도시 국가에 대한 개인의 의무라고 믿었다.

개인은 자기 본성에 가장 맞는 일을 해야 한다.

(433a)

플라톤은 우리 모두가 공동선公同善에 기여해야 한다고 강조했다. 물론 플라톤이 서술한 삶의 종류가 그다지 바람직해 보이지는 않는다. 현대인은 유토피아가 사실상 인간이 살 수 없는 곳이라 생각하는데, 플라톤의 이상 국가도 마찬가지다.

아리스토텔레스는 공동선보다 개인을 강조했다. 언뜻 아리스토텔레스의 견해가 현대 독자에게 더욱 매력적으로 들리지만 실제는 다르다. 노동을 완수해야 하는데 온전히 고결하고 행복한 생활과 노동이 병행할 수 없다면, 두 개념을 어떻게 조화시킬 수 있을까? 아리스토텔레스가 제시한 해결책은 노예제도였다.(Politics Bk 1.3~7) 노예가 노동을 했기 때문에 아리스토텔레스 같은 사람들이 여유롭게 생활할 수 있었던 것이다.

아리스토텔레스는 노예제도가 정당하다고 주장했다. 실제로 그의 윤리학은 어느 정도 노예제도를 전제로 한다. 아리스토텔레스는 윤리학의 근본 전제로 적절한 미덕을 발달시키려면 상당량의 여가를 마음껏 누릴 수 있어야 한다고 주장했다. 그러려면 타인이 노동을 대신해주어야 한다. 노예 제도의 유일한 대안이라면 모든 노동을 기제로 대체하는 것이다. 실제로 나중에 오스카 와일드Oscar Wilde가 『사회주의에서의 인간의 영혼The Soul of Man Socialism』에서 이런 대안을 제시하기도 했지만(Wilde [1891] 2001: 140ff.) 아리스토텔레스의 지적 영역에는 기술적 해결책이 없었다. 기계가 모든 생산을 담당하는 사회를 생각해낼 수 있었더라도 아마도 아리스토텔레스는 그런 사회를 강력하게 거부했을 것이다. 고대 그리스인들은 일반적으로 기술을 불신했기 때문이다. 따라서 아리스토텔레스의 윤리적·정치적 사고를 전반적으로 생각해보면 노예제도를 옹호하는 외에는 달리 대안이 없었다. 물론 문제는 이런 고약한 제도를 어떻게 지지할 수 있는가였다.

아리스토텔레스의 주장은 단순했다. 일부 사람들

은 '타고난 노예'로, 본성에 맞춰 사는 삶이 각자에게 좋은 삶이므로 노예제도는 노예로 태어난 사람에게 사실상 좋은 삶을 제공한다는 것이었다.(Politics 1254) 타고난 노예는 자유인일 때보다는 노예일 때 더욱 좋은 삶을 산다. 타고난 노예는 현대 독자에게 터무니없는 개념이지만 설사 그대로 인정한다 하더라도 아리스토텔레스의 주장에는 여전히 문제가 있다. '타고난 노예'와 자유인을 어떻게 구별해야 할까? 사람들이 이마에 '노예'라고 써 붙이고 태어나지도 않는데 말이다. 아리스토텔레스도 잘 알고 있었듯이 전쟁에 패했기 때문에 포로가 된 사람들이 노예로 전락하는 경우가 많았고, 노예로 태어났다가 전쟁에서 패하기까지 하는 경우는 엄청난 우연의 일치였다. 아리스토텔레스조차도 불공정하다는 이유로 노예제도에 반대하는 사람들의 견해는 어느 정도 옳다고 인정했다.(1255) 물론 현대인의 관점에서는 아리스토텔레스가 이런 통찰력의 결과를 받아들이고 노예제도라는 불공정한 제도에 대항했기를 기대하지만 그는 그렇게 하지 않았다. 오히려 노예제도가 부당하지만 필요한 제도라고 주장했다. 결국 지저분한 일을 할 사람은 있어야 하고 그것이 자신이 아니기를 바랐던 것이다.

비록 플라톤과 아리스토텔레스의 이론을 현대인이 그대로 받아들일 수는 없지만 두 사람이 제기한 문제는 오늘날에도 여전히 존재한다. 바로 '개인에게 맞는 직업', '본성'에 적합한 직업을 찾기가 어렵고, 일부는 어쩔 수 없이 가장 구미가 당기지 않는 직업에 종사하게 된다는 점이 문제다. 올더스 헉슬리Aldous Huxley도 반유토피아 소설 『멋진 신세계Brave New World』(1932)에서 이와 같은 문제를 제기하면서 유전적으로 특정 역할에 맞춘 다양한 노동 유형을 소개했다. 예를 들어 다른 종류의 삶에 대한 개념이 전혀 없고, 제품 생산 라인에서 일하는 엡실론Epsilon은 인위적으로 생산된 존재로서 아리스토텔레스의 '타고난 노예'에 해당하고 알파는 귀족에 속한다.

노동을 향한 개인의 소망이 사회의 필요와 반드시 일치하지는 않는다. 미래에 어떤 사람이 되고 싶으냐는 질문에 배관공이나 슈퍼마켓 종업원이 되고 싶다고 대답하는 아이들은 거의 없다. 성장하면서 바람직한 직업과 그렇지 못한 직업의 범위를 좀 더 폭넓게 고려하기는 하지만 어린 시절 선호했던 직업은 그다지 쉽게 바뀌지 않는다. 일부 아이들은 결국 전혀 원하지 않았던 직업을 갖게 될 것이다. 그렇다면 가장 인기 없는 직업은 누가 선택할까? 누군가는 그 일을 해야 한다. 하수구를 청소하거나 슈퍼마켓 선반에 물건을 쌓는 일이 '고상하지 않은' 직업이라는 뜻은 아니다. 다만 다른 직업에 비해 내면적 재화와 외면적 재화가 적은 이런 일을 하려는 사람이 일반적으로 더 적기 때문이다.

사람마다 종사하는 직업이 달라야 하는 근거는 무엇일까? 각자가 가진 자질이 다르기 때문이다. 이는 실력주의 개념이다. 이 밖에도 정실주의, 할당주의, 제비뽑기 등 완벽한 임의 분배를 근거로 들 수 있다. 다른 근거보다 앞서는 실력주의의 첫째 장점은 기여를 많이 한 사람에게 직업을 제공하므로 분배가 공정하게 이루어진다는 것이다. 둘째, 가장 자질이 뛰어난 사람이 앞으로 기여도가 가장 클 것이므로 효과적이라는 것이다. 이때 공정성 여부를 둘러싼 논쟁은 적절하지 않다. 재능이 더욱 많거나 더욱 열심히 일하는 사람이 더욱 많은 기여를 할 수 있다. 타인보다 열심히 일하는 것은 분명 장점이지만, 특정 재능을 소유한 사람은 어떨까? 재능을 타고났다는 이유만으로 보상을 받아야 할까? 어쨌거나 재능은 개인이 달성한 결과가 아니다. 존이 폴보다 재능이 두 배나 뛰어나다고 가정해보자. 존은 자기 능력의 60퍼센트만 발휘하고 폴은 능력의 한계에 이를 때까지 힘들여 일하더라도, 존의 생산성은 폴보다 여전히 높을 것이다. 설사 그렇더라도 사람들은 존보다 폴을 가치 있는 사람으로 생각하지 않을까? 대부분의 사람들은 자선단체에 100달러를 기부한 보통 사람이 같은 금액을 기부한 억만

장자보다 갸륵하다고 생각한다. 따라서 공정성에 대한 논쟁에 전적으로 설득력이 있는 것도 아니다. 하지만 최종 결과물을 생산하기 위해 투입하는 노동과 재능의 비율을 결정하기란 매우 어렵다. 그러므로 아마도 최종 결과물만을 봐야 할 것이고, 그렇게 되면 효율성에 대한 논란은 여전히 적절하다. 실력주의 질서에 따른 직업 분배가 바람직해 보이는 이유가 바로 여기에 있다.

자유 민주주의의 기본 개념은 근본적으로 균등한 기회다. 온전하게 평등한 기회를 누리는 사회라면 세대가 바뀔 때 사회 이동이 많이 일어나야 한다. 하지만 현실은 그렇지 않다. 노동시장에 관련된 통제를 살펴보면 자녀들이 부모의 직업을 그대로 따르는 경향이 있다. 생산 노동자가 부모인 자녀들은 생산 노동직에 종사한다. 여성은 계속 전형적인 '여성 직업'에 종사한다. 이민자들은 전통적으로 이민자들이 몸담아왔던 저임금 서비스 직업에 종사한다. 물론 예외는 많다. 기업의 사다리를 오르는 이민자들이 많고, 오늘날 미국 전체 경영직과 전문직 인력의 절반은 여성이다. 하지만 일반적으로 노동 분야에서 사회적 이동은 생각만큼 활발하게 이루어지지 않고 있다. 여러 국가의 국민을 대상으로 실시한 연구 결과에 따르면, 사회 이동성은 사실상 감소해서 오늘날 노동 시장에 진입하는 젊은이들의 계층 상승폭은 그들의 부모 세대보다 줄어들었다. 출생 당시의 사회적 지위가 개인의 운명은 아니므로 결정론이 작용한다고는 말할 수 없다. 하지만 우리에게 미치는 사회 환경의 영향은 스스로 인식하는 것보다 훨씬 크다.

직업 선택뿐 아니라 실제로 직업에 종사하는지 여부에도 가족 내력이 적용한다, 실직 자체는 모든 사람에게 노동할 권리가 있다는 세계인권선언the Universal Declaration of Human Rights 제23조의 위반이다. 이 조항에는 상당히 다양한 해석이 있을 수 있지만 이 해에서는 기술적 측면을 다루지는 않을 것이다. 그렇다면 일반석 노동권은 좋은 개념일까? 서구의 어떤 국가도 자국 시민 모두에게 이렇듯 적극적인 노동권을 허락한 적이 없다. 여기에는 그럴만한 이유가 있다. 일반적인 노동권은 거의 효율성이 없기 때문에 경제적 관점에서 그다지 합리적이지 않다. 혹시 마오쩌둥과 같은 생각을 가진 사람도 있어서 효율성보다는 완전 취업이 더 중요하다고 주장할 수도 있다. 마오쩌둥이 통치하던 시절에 중국에 체류했던 한 서구 경제학자에 얽힌 이야기를 예로 들어보자.

수백 명의 노동자들이 삽으로 거대한 댐을 건설하는 현장을 방문한 정제학자는 굴착기를 사용하지 않는 이유를 물었다. 현장 감독은 굴착기를 사용하면 삽을 쓰는 일꾼들이 일자리를 잃는다고 대답했다. 경제학자는 이렇게 응수했다. "나는 당신들이 댐을 건설하고 있다고 생각했어요. 댐이 아니라 일자리를 만들고 싶은 거라면 삽을 치워버리고 일꾼들에게 숟가락을 쥐여 주지 그래요?" 삽이나 굴착기 말고 숟가락을 사용하면 사실상 일자리는 늘어난다. 문제는 숟가락을 사용한 작업이 그다지 생산직이지 않다는 사실이다. 따라서 이런 직업은 전반적인 국가경제발전에 기여하지 못하고, 일반 생활수준도 끌어올리지 못하기 때문에 결과적으로 노동자가 그 결과를 감내해야 한다.

노동권이 주어지더라도 모두가 스스로 원하는 직업을 얻으리라는 보장은 없다. 물론 국가가 앞장서서 청소부를 대거 고용할 수 있다. 그러면 물론 거리는 깨끗해지겠지만, 거리 청소부들이 자기 직업에 만족할 확률은 낮다. 따라서 노동권은 사람들이 선호하는 직업에 대한 권리가 아니다. 내게는 카레이서가 될 권리도, 독일제국의회 전체를 포장했던 크리스토Christo와 장 클로드Jeanne-Claude가 무색할 만큼 엄청난 규모의 예술기획을 진행하는 예술가가 될 권리도 없다. 수백만 달러의 예산을 투입한 삼부작 영화〈반지의 제왕The Lord of the Rings〉을 감독하고 싶은 사람은 많았지만 피터 잭슨만이 할 수 있었다. 제트 전투기 조종사가 되고 싶은 사람은 많지만 실제로 꿈을 이루는 사람은 극소수에 불과하다. 물론 계획도 변한다. 어릴 때 조종사가 되고 싶었던 사람 중 다수는 다른 흥미를 발견하고 진로를 바꾼다. 개인적 야심을 깨달을 수 있는 직업에 종사하는 사람도 있고 그렇지 못한 사람도 있게 마련이다. 일반적 노동권은 아마도 좋은 개념도 아니고, 갈망할 만한 권리도 아닐지 모른다. 사람들이 스스로 종사하고 싶어 하는 직업에 대한 권리가 아니기 때문이다.

이런 이야기가 불공정하게 들릴지 모르나 달리 생각하기도 어렵다. 이상적인 사회라면 노동을 통해 획득하는 재화가 완전히 동등하게 분배된다. 하지만 현대인이 사는 세상은 이상적이지 않다. 윌리엄 제임스William James는 이렇게 지적했다.

> 윤리 철학자가 상상할 수 있는 최고의 재화 시스템을 요구하기는 정말 쉽다. 이런 모든 요구는 언뜻 생각하기에 훌륭하기 때문이고, 단순하게 상상할 수 있는 최고의 세계는 모든 수요가 즉시 충족되는 세계이기 때문이다. 하지만 이런 세계는 우리가 사는 세계와는 완전히 다른 물리적 구조를 갖춰야 한다.
>
> (1915: 201)

사회를 두 가지 종류의 재화가 동등하게 분배되는 이상적인 사회로 만들려는 것은 좋은 시도가 아니다. 특히 외면적 재화를 완전히 동등하게 분배하려는 사회에서 '당' 구성원을 제외한 사람들에게는 대개 재화가 적게 분배되기 때문이다. 이런 사회는 좀 더 평등할지는 모르나 더 바람직하다고 말할 수는 없다. 그렇다고 만연한 불평등이 바람직하다는 뜻은 아니다. 최근 들어 불평등 증가를 우려하는 사람들이 늘고 있지만, 불평등을 완전히 제거하려는 시도는 아마도 나쁜 대안일 것이다.

4

노동과 여가

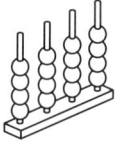

오늘날 현대인이 지나치게 일을 많이 해서 쉽게 피곤해지고 일찍 사망에 이른다고 주장하는 목소리가 점점 커지고 있다. 어떤 의미에서는 닐 영Nell Young의 〈사라져 가느니 차라리 타버리는 게 나아〉라는 노래 가사가 옳을 수도 있다. 우리들은 대부분 자신을 혹사하지 않으면서 풍족한 삶을 살고 싶어 한다. 그렇다면 실제로 노동이 사람들을 일찍 사망에 이르게 할까? 우리가 그렇게 많이 일하고 있을까? 일반적인 주장과는 달리 실제로 우리가 하는 노동은 과거보다 양적으로 적고, 신체와 정신, 건강에 유익하기까지 하다.

200년 전, 아니 불과 50년 전의 노동시간과 비교해보면 현대인은 '임시직'으로 일하는 셈이다. 오늘날 최고위층과 중간층 경영진과 변호사들의 노동시간은 보통 근로자보다 많지만 100~200년 전의 일반 근로자보다 대개는 훨씬 적다. 매우 냉정하게 판단해보자. 1833년 섬유 산업계에서 일하는 상인과 아동의 노동

시간을 줄일 목적으로 영국 공장법The British Factory Act이 제정되었다. 13세 이상의 근로자는 오전 5시 30분에서 오후 8시 30분 사이에 최대 12시간 동안 일했지만, 9~13세 근로자는 하루에 9시간 동안 일하도록 규정했다. 물론 현대인의 관점에서 보면 터무니없이 길지만 당시 공장 소유주들은 이조차도 위반하고 성인과 아동에게 더욱 많은 노동시간을 강요했다. 오늘날 이토록 오래 일하는 사람은 일 중독자일 뿐이고, 특히 아동노동은 허용되지 않는다. 산업혁명 이후로 일반 서구 근로자들의 노동시간은 감소해왔다. 일반 노동자들의 노동시간이 현대보다 적은 사회를 찾으려면 전근대 시대까지 거슬러 올라가야 한다.

오늘날 우리가 엄청나게 많다고 생각하는 노동량에 대한 묘사는, 노동시간이 좀 더 짧았던 수렵 채집인의 조화로운 삶에서나 볼 수 있는 장밋빛 모습과 대조를 이룬다. 파푸아Papua의 카파우쿠Kapauku족은 이틀 연속으로 일하는 법이 없고, 갈라하리 사막의 쿵Kung족은 절대 1주일에 15시간 이상 일하지 않으며, 오스트레일리아 원주민은 예부터 하루에 많아야 4시간 일한다. 인류학자 마샬 살린즈Marshall Sahlins는 『석기 시대 경제학Stone Age Economics』에서 수렵 채집 사회를 "최초의 부유한 사회"로 묘사했다.([1972] 2003) 그러나 그들이 누린 풍요는 물질이 아니라 시간의 풍요였다. 그들처럼 살고 싶다는 충동을 느낀다면, 그들이 현대의 물질적 기준으로는 극단적으로 가난했다는 사실을 알아야 한다. 우리가 생활기준을 낮춰 살겠다고 마음먹으면 노동량은 훨씬 줄어든다. 물론 현재의 절반 정도만 일해도 여전히 수렵채집인보다 훨씬 잘살 것이다. 과거 50년 동안 일반적 생산성이 두 배나 증가했기 때문에 원칙적으로는 노동시간을 절반으로 줄여도 그때와 동일한 생활수준을 유지할 수 있다. 하지만 우리는 당시 생활수준에 절대 만족할 수 없기 때문에 더욱 많은 시간을 노동에 투입해야 한다.

수렵채집 시대에서 고전 시대까지를 살펴보면 당시 사람들에게 여가를 즐길 시간이 많았다는 사실을 알 수 있다. 고대 그리스에는 대체 일할 시간이 있었는지 의심스러울 정도로 축제가 많았다. 물론 축제가 벌어지는 동안에도 노예들은 쉬지 않고 일했기 때문에 그토록 여가가 많은 사회가 실질적으로 기능할 수 있었다. 로마 시대도 상황은 같아서 축제일이 연간 175일이나 되었다. 로마 축제는 중세 시대에 이르러 기독교 성일聖日로 바뀌면서 노동에서 벗어나 쉬는 날이 많았다.

물론 초기 시대의 삶을 낭만적으로 미화해서는 안 된다. 여가가 많았던 만큼이나 고난이 끊이지 않았기 때문이다. 초기 사회의 노동시간이 짧았던 이유는,

대부분 더 오래 일할 만큼의 지구력이 없었기 때문이다. 열량 섭취량이 워낙 적어서 그 정도만, 그것도 매우 천천히 일해야 했다. 어쨌거나 인간의 신체에서 나오는 에너지는 섭취한 에너지보다 많을 수 없기 때문이다. 하지만 현대인의 열량 섭취량은 넘쳐나서 대부분 노동으로 모두 소비하지 못하고 운동으로 잉여 에너지를 소비해야 한다. 그렇지 않으면 체중이 지나치게 불어나게 마련이다.

근무일이 많아진 것은 훨씬 최근의 현상으로 현내 자본주의와 관계 있다. 19세기 후반까지 사본주의의 지배로 노동시간이 계속 늘어났다. 중세 시대에는 현재보다 노동 시간이 짧았지만 그 후로 계속 늘어났고, 1850년 무렵에 절정에 도달해 급기야 현재 노동시간의 거의 두 배에 이르렀으며 휴일 수도 감소했다.

노동시간이 오랜 시간에 걸쳐 계속 늘어난 이유들 중 하나는 근로자가 시간 단위가 아닌 일 단위로 임금을 받았기 때문이다. 노동시간이 일당보다 훨씬 빠른 속도로 증가했다. 이런 방식으로 공장 소유주는 더욱 많은 이익을 챙겼지만 근로자들은 세차게 항의할 수 없었다. 결국 시간을 기준으로 하는 임금 산정 체계가 도입되었고, 그런 이유로 노동시간이 증가하면 임금도 늘어났다. 이는 기능한 한 오랫동안 근로자에게 노동력을 짜내는 것이 공장 소유주에게 반드시 이익은 아니리는 뜻이기도 하다. 근로자들의 피로가 쌓이는 후반부 몇 시간은 전반부에 비해 생산성이 떨어지기 때문이다.

1850년에 시작해서 오늘날까지 OECD 선진국의 평균 노동시간은 50퍼센트까지 감소했다. 폴 라파르그가 『게으를 수 있는 권리The Right To Be Lazy』에서 제시했던 이상, 곧 하루에 3시간 이상 일할 필요가 없는 사회를 향해 꾸준히 나아가고 있는 것처럼 보였다. 그러나 노동시간의 꾸준한 감소 추세가 주춤하면서 미국과 영국을 포함한 일부 국가에서는 약간 증가하는 움직임이 보였다.

오늘날 근로자의 노동 시간을 정확하게 파악하기는 쉽지 않고, 출처에 따라 통계도 매우 다르다. 연간 평균 노동시간에 대해서는 OECD의 통계 자료가 가장 널리 인용된다. 현재 미국인의 연간 평균 노동시간은 1,777시간, 캐나다인은 1,717시간, 영국인은 1,652시간, 아일랜드인은 1,541시간, 독일인은 1,362시간, 프랑스인은 1,346시간이다. 노동시간은 프랑스인보다 미국인이 431시간, 영국인이 306시간 많아서 국가 사이의 차이가 상당히 크지만 미국인과 영국인의 노동시간 차이는 125시간에 불과하다. 이런 통계가 다소 뜻밖으로 여겨질지 모르겠다. 유럽 매체들은 미국 근로자들의 삶이 끔찍하다고 보도하는 경향이 있기 때문이다. 예를 들어, 미국인들은 2~3가지 직업을 가지고 있어야 겨우 의식주를 해결할 수 있다고 알고 있는 유럽인도 있을 정도다. 실질적인 숫자를 산출해보면 현실은 훨씬 낫다. 2003년 미국 노동인구에서 직업이 둘 이상인 근로자는 전체의 5.3퍼센트, 정규직업이 둘인 근로자는 0.2퍼센트에 불과했기 때문이다.(Gersemann 2005: 123) 사실상 직업이 둘 이상인 근로자의 수는 지난 수십 년에 걸쳐 꾸준히 감소하고 있다. 교육수준과 직업의 수도 분명히 상관관계가 있어서 교육수준이 높을수록 직업이 한 가지 이상일 가능성이 훨씬 높다.

보통 미국인의 실세 노동시간은 얼마나 될까? 어림잡아 주당 40시간 미만에서 50시간 이상까지 매우 다양해서 실제 노동시간을 한마디로 대답하기는 어렵다. 아마도 중간 정도겠지만 이는 여전히 상당한 논란거리다. 이는 어떤 측정방법을 선택하는지, 몇 시간을 노동 개념 포함시킬지에 따라 다르다. 이 점이 잘 드러난 작품으로 줄리엣 쇼어Juliet Schor의 『과로하는 미국인The Overworked American』(1991)이 있다. 쇼어는 요리, 집안청소, 식물 돌보기, 정원 가꾸기, 탁아, 자녀의 숙제 봐주기, 자녀에게 책 읽어주기, 자녀와 대화하기, 애완동물 돌보기, 세차, 장보기 등 온갖 종류의 무급 활동을 노동에 포함시켰다. 노동의 정의가 매우 광범위해서 노동의 범주에 속하지 않는 활동이 없을 정도다. 하지만 이런 정의를 따르더라도 아이들과 함께하지 않는 텔레비전 시청은 노동이 아니다. 친구와 함께 카페에 가거나 테니스 경기를 하는 것도 노동이 아니다. 오로지 자신만을 위한 목적을 제외한 거의 모든 활동, 심지어 자신의 식사를 준비하는 것처럼 자신만을 위한 활동의 일부도 노동으로 간주하고 있다. 쇼어가 추정한 미국인의 평균 노동신간은 당연히 매우 길다. 스스로 '노동'이라 분류한 활동을 지나치게 많이 하는 것이 좋지 않다고 강조했기 때문에, 쇼어가 어떤 삶을 좋은 삶이라 생각하는지 궁금할 것이다. 쇼어가 말하는 좋은 삶이란 자녀에게 책을 읽어주거나 애완동물을 돌볼 필요가 없어서 자신에게 온전하게 주의를 기울이는 삶일까? 만약 그렇다면 좋은 삶을 둘러싼 쇼어의 생각은 나와 상당히 다르다.

노동시간에 대한 여러 연구가 드러내는 문제는, 연구 활동이 조사 대상자의 추측을 바탕으로 진행되고 조사 대상자는 자신의 노동시간을 부풀린다는 짐이다. 미국인의 시간 소비 형태에 대한 연구에서 존 로빈슨John Robinson과 제프리 갓베이Geoffrey Godbey는 조사 참가자 1만 명에게 하루 24시간 동안 분 단위로 일지를 작성하게 했다. 『삶을 위한 시간Time for Life』(1997)에 실린 연구 결과는 놀라웠다. 남성들은 주당 평균 46.2시간 일한다고 답변했다. 하지만 연구자들이 일지를 검토한 결과 실제 노동시간은 40.4시간에 불과했다. 여성의 경우에는 차이가 훨씬 컸다. 여성들은 자신이 주당 40.4시간 일한다고 답변했지만 일지에는 32시간으로 기록되어 있었다. 조사 대상자들이 답변한 시간수가 많을수록 실제 노동시간과의 차이는 더욱 컸다. 주당 80시간 일한다고 답변한 사람들의 일지를 보면 실제로 55시간 일했다. 물론 55시간도 상당히 길기는 하지만 그들이 답변한 시간에 비교한다면 꽤 짧은 편이다. 연구 결과를 바탕으로 미국인들이 과거 어느 때보다 여가를 많이 누린다는 결론을 내릴 수 있었다. 물론 출퇴근 시간, 청소와 요리 등 무급 집안일이 포함되기는 했지만 전체 노동 시간은 주당 50시간을 넘지 않았고 미국인에게는 과거보다 여가가 많다는 사실이 밝혀졌다.

평균 노동시간은 전반적으로 증가하지 않았지만 평균보다 오랫동안 일한다고 주장하는 사람의 수는 늘고 있는 추세. 따라서 대부분 사람들의 노동량은 과거보다 줄었지만, 소수 집단의 크기와 노동량은 증가하고 있는 것 같다. 실제로 영국 전체 근로자의 6분의 1은 주당 60시간 이상 일한다. 이들은 과로로 인해 건강상 위험에 노출될 가능성을 안고 있다. 일부 연구 결과를 보면, 하루에 12시간 이상 일하는 근로자들이 부상과 질병에 걸릴 위험성은 현격하게 증가한다. 이런 위험성에는 누구도 예외일 수 없고, 사실상 과로로 사망에 이르는 사람도 있다.

영어에는 과로사를 뜻하는 독립 단어가 없다. 일본어로는 karoshi이고 중국어로는 guolasi이다. 일본에서는 karoshi를 심각한 문제로 생각해서 노동성이 과로사에 대한 통계를 해마다 발표한다. 심지어 과로사가 발생하면 사망자 가족은 고용주를 상대로 보상을 요구하는 소송을 벌인다. 유럽과 미국에도 과로사 사례가 있지만 공식 통계는 없다. 그렇다고 해서 오늘날 서구 국가의 평균 노동시간 감소가 건강에 유익하다고 주장할 수는 없다. 물론 일하지 않으면 일 때문에 사망하지는 않겠지만 다른 원인으로 사망할 것이다. 존 메이너드 케인스 John Maynard Keynes가 지적했듯이 "결국 우리들은 모두 사망하게 되어 있다."([1923] 2000: 80) 노동인구에 속한 사람의 수명은 그렇지 않은 사람보다 일반적으로 길다. 노르웨이에서 두 경우의 차이는 여성인 경우에는 8년, 남성인 경우에는 7년이다. 이런 차이는 여러 측면에서 설명될 수 있다. 예를 들어 여러 질병에 시달리는 탓에 노동인구에서 벗어나 있는 사람이 많다. 하지만 일반적으로 노동 때문에 죽음의 신을 더 일찍 맞이한다는 주장에는 근거가 없다. 현실은 정반대처럼 보이기 때문이다.

이 문제는 개인이 어떤 종류의 노동에 종사하는지에 따라 다를 것이다. 하지만 노동이 건강에 일반적으로 유익하다는 확고한 증거가 있다. 현재까지 이 문제에 대한 가장 포괄적인 조사는, 영국인 의대 교수 고든 워델Gordon Waddell과 킴 버튼Kim Button이 실시한 '노동이 건강과 행복에 유익할까?'였다. 조사에서 두 연구자는 "일반적으로 노동은 신체적 정신적 건강과 행복에 긍정적이다."라고 결론 내렸다.(2006: ix) 흥미로운 점은 두 사람의 연구 방식이다. 같은 주제를 놓고 정반대의 접근방법을 선택해서, 초기에는 노동이 건강에 해롭다는 추측을 바탕으로 노동이 건강에 미치는 악영향을 연구했기 때문이다. 하지만 노동의 유익한 측면에 초점을 맞추자 완전히 다른 결과가 나타나기 시작했다.

실직은 노동보다 건강에 훨씬 해롭다. 사회보장제도가 잘 갖춰진 선진국일수록 실직의 심리적 측면이 가장 중요하다. 사망률이 증가하고 신체적·정신적 건강이 악화되는 것으로 보아 실직은 시민 건강에 심각한 영향을 미친다. 경험적 연구에서 자주 지적되듯이 실직은 행복 또는 '주관적 행복'에 부정적으로 작용한다는 점에서, 심각한 질병이나 이혼과 더불어 사람에게 가상 큰 영향을 미치는 요인에 속한다. 수입 상실은 사소한 문제일 뿐 순수한 경제 요인보다는 다른 요인이 더 큰 영향을 미친다. 일반적으로 실직자는 타인과의 사회적 상호작용이 줄어들고 자부심도 낮아진다. 사람들은 실직을 개인의 문제로 받아들여서, '실직자' 집단이 아닌 개인이 영향을 받는다고 느낀다. 현대는 노동을 정체성의 근원으로 강조하기 때문에 직업을 잃은 사람은 황폐해지기 쉽다.

워델과 버튼의 연구에서 가장 놀랄 만한 결과는, 실직해서 신체적, 정신적 건강이 쇠약해진 사람이 직업을 구하면 건강을 회복한다는 사실이다. 전체 인구의 5~10퍼센트에 해당하는 사람, 특히 천식이나 심각한 질병을 앓는 사람은 일하지 않으면 건강이 좋아질지 모르지만, 나머지 사람들에게 노동은 일반적으로 건강에 유익하다. 노동이 대체로 건강과 수명에 유익하다 하더라도 노동량을 늘리면 건강이 더욱 좋아지고 수명이 더욱 길어진다는 뜻은 아니다. 지나친 노동은 파괴적일 수 있다. 강제 노동수용소가 처벌기관인데는 그만한 이유가 있다. 지나친 노동의 정도를 결정하기는 어렵지만 건강의 관점에서 볼 때 현대인들이 일반적으로 '지나치게 많이' 일한다고 생각할 근거는 없다.

임시직으로 일하려는 사람이 거의 없는 것으로 봐서 사람들도 대부분 자신이 지나치게 많이 일한다고 생각하지 않는다. 직원들에게 임금이 적은 임시직을 제안하는 회사가 많지만, 여러 차례에 걸친 연구에 따르면 그런 제안을 받아들이는 직원은 3퍼센트 정도에 불과하다. 이유가 무엇일까? 일부 직원은 임금이 삭감되면 준수한 생활수준을 유지할 수 없기 때문에 제안을 받아들이지 않는다. 하지만 높은 수입을 거두는 직원들은 임금이 삭감되더라도 여전히 수입이 평균 이상인데도 노동시간을 줄이려 하지 않는다. 실제로 당당하게 누릴 수 있는 유급휴가마저도 마다한다. 이유가 무엇일까? 어떤 직원은 노동시간을 충분히 투입해서 회사에 온전히 기여하지 않으면 감원 대상이 될지 모른다고 겁을 낸다. 하지만 경제가 잘 돌아가서 감원 위험성이 매우 낮을 때도 노동시간을 줄이려는 근로자의 수는 늘지 않는다.

임시직으로 일하면 승진 기회가 줄어들지 모른다고 걱정하는 직원도 있다. 내가 누군가를 승진시켜야 하는 자리에 있고, 자질은 비슷하지만 정규직 직원과 임시직으로 일하는 직원 가운데 선택해야 한다면 아마도 정규직 직원을 승진시킬 것이다. 그렇다면 승진이 자신에게 얼마나 중요한지 자문해야 한다. 가족과 친구와 더 많은 시간을 보내는 것이 정말 중요하다고 생각한다면 승진에서 누락하는 정도의 대가는 치를 수 있다. 가족과 함께 있고 싶어 한다는 이유로 '처벌'받는 것은 공정하지 못하다고 말하는 사람도 있을 것이다. 나는 그들이 처벌받는 것이 아니라, 단지 자신에게 정말 중요한 선택을 한 것이라 생각한다. 또한 최종적으로는 가정생활의 많은 부분을 놓친 사람보다 훨씬 나은 선택을 했다고 믿는다.

위와 같이 할 수 있을 때조차도 노동시간을 줄이지 않는 이유에 대한 가장 그럴듯한 설명은, 그저 노동시간을 줄이고 싶지 않기 때문이라는 것이다. 알리 러셀 혹스차일드Arlie Russell Hochschild는 노동과 가정 생활의 관계에 대한 흥미로운 연구를 수행하고 그 결과를 『속박된 시간The Time Bind』에 보고하면서 같은 취지의 연구 결과 두 가지를 인용했다.(Hochshild 2000: 33ff.) 1985년 미국노동통계청the US Bureau of Labor Statistics은 근로자에게 주당 근무시간이 늘어나기를 원하는지 줄어들기를 원하는지, 아니면 현재 수준을 유지하고 싶은지 물었다. 10퍼센트 미만의 응답자만이 근무시간이 줄어들기를 원했고, 65퍼센트는 현재 수준을 유지하면 좋겠다고 응답했고, 나머지는 사실상 늘어나기를 원했다. 뉴욕 소재 가정 및 직장문제연구소the Families and Work Institute는 1993년 조사를 실시하여 근로자들에게 직업, 가정, 친구, 자기 자신에 어느 정도의 시간과 에너지를 투입하는지 묻고 각 항목에 얼마간의 시간을 투입해야 이상적이라고 생각하는지 물었다. 두 질문에 대한 답변은 거의 같았다. 만약 해당 연구가 일과 사생활의 균형에 대한 일반적인 생각을 꽤나 정확하게 조사했다면, 사람들은 스스로 균형을 이루거나 최소한 균형의 상태에 가까워졌다고 믿고 있는 것 같다.

겉보기에는 서구 근로자들이 과로사할 지경까지 일하거나, 최소한 심신이 쇠약해지는 위험에 계속 노출될 정도로 일한다는 생각이 널리 퍼져 있다. 하지만 여러 연구 결과를 볼 때 이런 생각은 대중적 사회통념에 지나지 않는다. 얼마 지나지 않은 과거와 비교해볼 때 현대인의 노동시간이 적기는 하지민 노동의 강도와 속도는 증가하고 있다고 주장할 수도 있다. 하지만 이런 주장이 사실이라는 증거는 없다. 물론 삶의 전반적 강도는 증가하고 있을 것이다. 게다가 과거보다 수면 시간이 줄었다. 20세기의 하루 평균 수면 시간보다 1시간 정도 감소했다. 그 1시간 동안 우리는 무엇을 할까? 그동안 일하지 않는다는 점만은 확실하다. 그렇지만 지칠 대로 지친다고 투덜대는 사람의 수는 계속 늘어나고 있다. 지치는 것이 사실이라면 그것은 일 때문이 아니라 여가 때문일 것이다.

스탠리 큐브릭Stanly Kubrick이 감독한 영화 〈샤이닝The Shining〉에는 "일만 하고 놀지 않으면 우둔한 사람이 된다."라는 유명한 격언이 등장한다. 제임스 호웰James Howell의 『격언Proverbs』(1659)에서 나온 것이지만 일반적 개념은 훨씬 오래되었다. 기원전 24세기에 기록된 이집트 현인 프타호텝Ptah-Hotep의 격언에는 "하루 종일 이유를 생각하는 사람은 한시도 행복하지 않다"는 표현도 있다. '역사의 아버지' 헤로도투스Herodotus에 따르면, 이집트 파라오 아마시스Amasis는 지나치게 게으르다면서 자신을 비난하는 친구들에게 이렇게 대응했다.

> 활 쏘는 사람은 쏘고 싶을 때 시위를 당기고 쏘기가 끝나면 시위를 푼다. 시위를 언제나 팽팽하게 유지하면 결국 끊어져서 필요할 때 쓸 수 없다. 사람도 마찬가지다. 계속 열심히 일하느라 잠시라도 여가나 운동에 빠지지 않는다면 정신을 잃고 미치거나 우울해질 것이다. 나는 이 점을 알기에 삶을 여가와 일로 나눈다.
>
> (Herodotus 1996: 191)

2,500년이 지난 지금 들어도 정말 적절한 조언이다. 누구나 이따금 긴장을 풀 필요가 있다. 그러나 포드Ford는 정반대의 주장을 펼쳤다.

> 어느 누구에게도 쉴 권리는 없다. 문명에는 게으른 사람이 설 수 있는 자리가 없다.
>
> (Ford & Crowther [1922] 2003: 13)

물론 포드의 이런 생각은 틀렸다. 세계 인권 선언 제24조에도 휴식의 필요성이 명시되어 있다.

누구에게나 휴식하고 여가를 즐길 권리가 있다. 여기에는 근로시간의 합리적 제한과 정기적 유급휴가가 포함된다.

'여가Leisure'의 어원은 라틴어 licere로 '허용된다'는 뜻이다. 여가에는 자신이 원하는 대로 시간을 사용하도록 허용된다. 적어도 이것이 여가의 기본 개념이다. 특정 활동이 노동인지 여가인지는 개인의 태도에 달려 있다. 프로 운동선수에게는 운동 경기가 곧 노동이다. 하지만 보통 사람들은 여가 시간에 운동 경기를 한다. 나는 독서가 주로 노동이라 생각하지만 대부분의 사람들에게는 여가 활동이다. 내가 책꽂이를 만들면 아마도 여가 활동이겠지만 목수에게는 노동이다. 이렇듯 사람에 따라 노동과 여가 활동을 구분하는 기준은 다르다.

마크 트웨인Mark Twain은 『톰 소여의 모험Adventures of Tom Sawyer』에서 이런 점을 분명하게 밝혔다. 울타리에 페인트를 칠하는 벌을 받은 톰은 페인트칠이 귀한 기회라 믿도록 친구들을 속여서 자기 대신 페인트를 칠하게 만든다. 여기에 그치지 않고 페인트를 칠하는 특권을 누리게 해준 대가로 양철 병정과 폭죽까지 받는다.

> 톰은 자기도 모르는 사이에 인간 행동의 위대한 법칙을 발견했던 것이다. 어떤 물건을 탐내게 만들려면 물건을 손에 쥐기 어렵게 만들면 된다. 현명한 사람이라면 노동은 신체가 의무적으로 해야 하는 일이고, 놀이는 신체가 의무적으로 할 필요가 없는 일이라는 사실을 알아차렸을 것이다. 따라서 조화造花를 만들거나 러닝머신에서 뛰는 것이 노동인데 반해서 볼링이니 몽블랑 등산이 오락인 이유를 깨달을 것이다. 부유한 영국 귀족들은 말 네 마리가 끄는 승객 마차를 여름 내내 매일 20~30마일씩 몰기도 한다. 이런 특권을 누리느라 상당한 비용을 지불하기까지 한다. 하지만 마차를 모는 서비스에 대한 대가로 임금을 받는다면 그 순간 노동으로 바뀌기 때문에 그 일을 그만둘 것이다.
>
> ([1876] 2006: 23~24)

자신의 태도 하나로 노동을 여가 활동으로 만들 수 있고 여가 활동을 노동으로도 만들 수 있다. 그렇다면 여가는 어때야 할까? 대부분의 사람들은 여가가 재미있어야 한다고 생각한다. '놀이'는 춤추거나 기뻐한다는 뜻을 지닌 라틴어 plega에서 비롯되었다. 재미있는 활동은 autotelic이고 '자기 외에는 아무 목적이 없다'는 뜻이다. 물론 재미있는 활동은 유익한 영향을 줄 수 있다. 그렇지만 유익한 영향을 얻으려고 재미있는 활동을 하지는 않는다. 현대인이 노는 이유는 재미있기 때문이다.

재미가 없는 여가 활동도 많다. 프리드리히 니체는 『선과 악을 넘어서 Beyond Good and Evil』에서 이렇게 썼다.

> 부지런한 종족은 게으름을 견뎌내기가 무척 힘들다. 영국인들은 무의식적으로 평일을 갈망하기 때문에 테 데움 te deum, 찬미성가로 지루한 tedium 일요일을 보낸다는 뜻을 지닌 단어를 사용했다. 여기서 영국인의 직관에 숨은 천재성의 일면을 엿볼 수 있다.
>
> ([1886] 2001: §189)

현대인은 극단으로 치달아 지나치게 많은 활동으로 여가를 채운다. 요즘은 여가를 보내기 위해 갖춰야 할 것이 너무 많아서 오히려 노동이 진정한 휴가로 여겨질 때도 많다. 주변에 널린 증거로도 알 수 있듯이,

일을 잠시 쉴 때 상당한 스트레스를 느끼기 때문에 차라리 노동 시간을 늘리고 싶어 하는 사람이 증가하는 추세다. 회사는 자사 직원, 특히 경영진에게 가정에 있는 시간을 줄이고 직장에서 일하는 시간을 늘리기 위한 서비스를 제공하기까지 한다. 가정을 노동에서 자유로운 곳이 아니라 보상이 적은 제2의 직장으로 생각하는 사람도 많다. 혹스차일드에 따르면, 남성보다 여성이 이렇게 생각하는 경향이 짙다. 전반적 차이는 그다지 크지 않지만 여성보다는 남성이 가정에서 '감정적으로 긍정적인 상태'일 때가 많지만 직장에서의 감정 상대는 반대로 나타난다. 이런 현상이 집안일의 분배와 관계있으리라는 추측은 일리가 있다.

일부 작가들은 여가보다 일을 좋아한다고 말한다. 버트란트 러셀은 『행복의 정복The Conquest of Happiness』에서 이렇게 주장했다.

> 그러므로 노동은 권태를 예방하기에 무엇보다 바람직한 활동이다. 할 일이 전혀 없을 때 인간이 느끼는 권태에 비하면, 필요하지만 재미없는 노동을 할 때 느끼는 권태는 아무것도 아니기 때문이다.
>
> ([1930] 1996: 163)

러셀은 "심지어 지루하기 짝이 없는 노동을 하더라도 대부분의 사람들에게는 게으름이 더 고통스럽다"라고 덧붙였다.(Ibid.) 다소 뜻밖의 주장이다. 『게으름에 대한 찬양In Praise of Idleness』이란 유명한 수필을 쓴 러셀이 자기주장에 정면으로 반대되는 태도를 취했기 때문이다. 그러나 나는 노동보다 철저한 게으름이 더욱 고통스럽다는 러셀의 주장은 옳다고 생각한다.

『인간론De Homine』에서 토마스 홉스Thomas Hobbes는 이렇게 썼다. "노동은 좋은 활동으로, 삶의 진정한 원동력이다. 따라서 걷기 위해 걷는 것이 아니라면 노동도 그래야 한다. '어디서 돌아서야 할까? 무엇을 해야 할까?'는 슬픔에 잠겨 탄식하는 목소리다. 게으름은 고문이다."([1657] 1991: 51) 노엘 카워드Noel Coward* 또한 비슷한 주장을 펼쳤다. "노동은 재미보다 훨씬 더 재미있다." 과연 그럴까? 이는 어떤 종류의 노동을 하는지, 어떤 종류의 재미를 느끼는지에 달려 있다. 세상의 모든 근로자를 조사해보면 대다수가 카워드의 말에 동의할 것이다. 그러나 일하지 않으면 재미도 그만큼 재미있지 않으리라고 동의하는 사람도 많을 것이다. 한 주일 내내 쉬면 주말이 그다지 특별하게 느

---

*   영국 극작가이자 작곡가, 영화감독, 배우, 가수 - 역주

꺼지지 않는다.

1996년 코펜하겐 미래연구소the Copenhagen Institute for Future Studies는 덴마크인에게 노동과 여가 중 어느 쪽이 성취감을 주는지 물었다.(cf. Jensen 2001) 응답자의 10퍼센트는 노동에서, 13퍼센트는 여가에서 성취감을 느낀다고 대답한 반면에 압도적 다수인 77퍼센트는 노동과 여가에서 똑같이 성취감을 느낀다고 대답했다. 노동과 여가 가운데 하나만 선택하면 나머지 하나의 가치가 떨어지지만, 둘을 모두 선택하면 둘의 가치는 함께 상승한다.

1928년 G. K. 체스터턴Chesterton**은 '여가'에는 또 다른 뜻이 있다고 지적했다.

> 나는 여가에 완전히 다른 세 가지 뜻이 담겨 있다고 생각한다. 첫째, 무언가 해도 되고 둘째, 무엇이든 해도 되고 셋째, 아마도 가장 소중한 의미로서 아무 것도 하지 않아도 된다는 뜻이다. 첫 번째 의미를 둘러싸고 최근 들어 광범위하고 매우 유익하게 생각되는 사회적 장치가 눈에 띄게 증가하고 있다. 골프를 치거나 브리지 게임을 하거나 재즈 음악을 연주하거나 자동차를 모는 기회

**   영국 작가이자 철학자 - 역주

가 늘어나고 훨씬 정교한 도구가 개발되고 있다. 하지만 이런 여가 활동이 제공되는 세계에 속한 사람들은 현대가 전반적인 범위의 여가 활동을 제공하지 않는다는 사실을 깨닫는다. 일부 활동에는 접근이 한층 수월해진 반면에 접근이 불가능해진 활동도 있기 때문이다. 두 번째 종류의 여가, 즉 무엇이든 해도 된다는 뜻의 여가는 증가하지 않고 전반적으로 감소했다. 소유한 재료로 어떤 형태를 만든다는 인식은 오늘날 대개는 예술가들에게 한정된 즐거움이다. 세 번째 형태의 여가는 아무 것도 하지 않는 가장 소중하고 위안을 주는 순수한 습관으로, 내가 보기에는 퇴화 조짐이 보일 정도로까지 무시되고 있다. 세계가 철학을 잃고 새 종교를 만들어 내지 못하는 이유는 바로 '무위無爲, Doing Nothing'라는 위대한 작품을 창조하는 예술가가 없고, 후원하는 후원자가 없으며, 숭배하려 몰려드는 군중이 없기 때문이다.

(1970: 271)

이렇게 말했던 체스터턴 자신도 100권 이상의 책을 집필했으므로 결코 '무위'하며 생활하지는 않았다. 요즘 상황은 체스터턴이 글을 썼던 70년 전보다 더욱 악화되어 네 번째 의미, 즉 '전부 해야 한다!'를 추가

해야 한다.

특히 현대인은 주말과 공휴일을 초조한 심정으로 맞이한다. 낭비하지 않고 온전하게 활용해야 하는 제한된 시간이기 때문이다. 하지만 엄격한 시간 관리는 휴가에 전혀 어울리지 않아 보인다. 우리에게 주어지는 휴일이 점점 능률의 횡포를 닮아간다는 생각이 돈다. 그래서 관광객들이 볼거리가 새로 나타날 때마다 버스에서 내려 최대한 많이 관광하려는 모습을 심심찮게 볼 수 있다.

휴가vacation는 라틴어 vacation이나 vacatio에서 유래했고 자유와 면제를 뜻한다. 휴가는 해야 하는 활동이 아니라 선택하는 활동이다. 하지만 요즘 들어서는 박물관을 둘러보고 기념비에 가봐야 하는, 그래서 단 1분도 낭비해서는 안 되는 노동의 일종으로 바뀔 때가 많다. 나는 개인적으로 온전히 시간을 낭비하는 휴가를 좋아한다. 그것이 휴가의 본질이라 생각하기 때문이다. 철학자라는 직업 때문에 여러 나라를 돌아다니며 강의를 하지만 내게 최고의 휴가는 공항과 호텔을 전전하지 않고 집에 머물면서 실제로 아무 일도 하지 않는 것이다.

노동의 일시성이 침범해서 여가를 노동처럼 만들어버리는 탓에 '가짜 노동'이란 가면을 쓴 여가에 비교하면 '진짜 노동'은 오히려 심심풀이로 여겨질 때가 많다. 현대인에게는 여가가 고통으로 느껴질 수도 있다. 벤자민 프랭클린의 "시간은 금이다"라는 단호한 주장처럼 여가를 금처럼 사용하는 경향이 늘어 가고 있기 때문이다.(1987: 320)

현대인은 여가 일정을 나날이 빽빽하게 짠다. 마치 19세기 경영 컨설턴트 F. W. 테일러Taylor의 과학적 경영 원칙을 따르듯 은연중에 여가를 체계화한다. 여가는 가능한 한 효율적으로 사용해야 한다. 우리는 소중한 여가를 가능한 한 많이 확보하기 위해 탁아, 세탁, 요리 등에서 타인의 힘을 빌리지만 정신없이 바쁘기만 하다. 일정표에 따라 진행되는 여가를 진정한 여가로 부를 수 있을까? 19세기 철학자이자 사회학자 허버트 스펜서Herbert Spencer는 1882년 뉴욕에서 강연하면서 미국인들에게 이렇게 경고했다.

> 노동에 전적으로 헌신하면 오락이 더 이상 즐겁지 않다. 휴식이 의무적 활동이 되면 삶은 유일한 혜택을 잃고 황량해진다. 미국인의 여행 목적은 최단 시간 최대 관광이라는 견해가 영국인 사이에 널리 퍼져 있다. 부지런을 떨 때 느끼는 만족감은 다른 만족감을 거의 모두 집어삼키게 마련이다.
>
> (1891: 483)

같은 강연에서 스펜서는 "휴식의 복음을 설교해야 할 때다"라고 강조했다.(Ibid.: 486) 우리의 여가는 지난 125년 동안 계속 여유를 잃어가고 있다. 그래서 스펜서가 강연에서 언급한 미국인의 모습을 더욱 닮아가고 있다. 오늘날 그토록 많은 사람들이 지칠 대로 지쳤다고 불평하는 주요 이유는 일하기가 힘들기 때문이 아니라 여가를 보내기가 힘들기 때문이다.

5
경영의 대상

자영업 종사자를 제외하고 경영당하는 현상을 피할 수 있는 근로자는 극소수다. 동사 '경영하다 to manage'는 이탈리아어 maneggiare에서 유래한 동사로 '다루다'를 뜻하고 특히 말馬을 다룰 때 사용한다. 실제적으로 오늘날 직장에서는 물리적이기보다는 언어적으로 노동을 다루는 경향이 있지만 명사형 '경영 management'은 누군가가 타인이나 사물을 이끈다는 뜻을 포함한다.

경영이 정확하게 언제 노동의 요소가 되었는지는 여전히 논란거리다. 경영이 현대의 현상이라 생각하는 사람도 있는 반면에, 경영의 일부 형태가 이미 고대 수메르와 이집트에 존재했다고 주장하는 사람도 있다. 또한 효율성을 극대화 할 목적으로 스파르타와 로마 사회에서 실시했던 군사훈련이 '과학적 경영'과 닮았다는 주장도 나오고 있다. 그러나 공장에서 실시되는 노동이 늘어날수록 노동계획은 훨씬 중요한 현상으로 부각되고 있다.

경영에 대한 과학적 연구는 F. W. 테일러의 『과학적 경영 원칙Principles of Scientific Managements』(1911)을 거치면서 비약적으로 발전했다. 아마도 이 책은 현대 들어 가장 큰 영향을 발휘한 책에 속할 것이다. 독자 수가 그다지 많지는 않았지만, 현대 사회에서 결과물의 최대화를 겨냥한 노동 경영 방법을 바라보는 일반적 관점을 바꾸었다. 테일러는 일에 무섭게 매달리는 사람으로 정평이 나 있었다. 새벽 5시에 기상해서 오전 7시부터 오후 5시까지 일한 후에 집으로 걸어와 저녁 식사를 하고 다시 밤 11시까지 연구에 몰입했다. 연구를 마치면 조깅을 하고 잠자리에 들어 5시간 동안 깊은 수면을 취했다. 그는 자신에게도 타인에게도 절대 게으름을 허용하지 않았다.

테일러는 스톱워치를 활용해서 일과를 관리했다. 그가 실험 대상으로 삼았던 근로자는 많았지만, 대부분 '슈미트Schmidt'라는 가명의 네덜란드인 이민자에게 초점을 맞췄다. 그는 일할 때와 휴식할 때의 슈미트를 관찰하고 모든 동작이 일어나는 정확한 시간을 측정했다. 슈미트의 모든 행동을 정량화했던 것이다. 테일러는 슈미트의 생산성이 향상될 여지가 많다고 믿었다. 테일러의 지시에 따르면서 슈미트가 같은 시간 동안 삽으로 퍼낸 무쇠 양이 12.5톤에서 47톤으로 늘었다. 물론 생산성을 증가시키기 위해 슈미트는 예전보다 더 노력했다. 테일러는 슈미트가 노력할수록 그에 상응하는 보상을 받아야 한다고 생각했다. 하지만 생산성은 거의 400퍼센트나 증가했지만 그에 따른 임금 상승은 40퍼센트에 불과했다. 테일러가 생산성 증가는 자신의 과학적 경영 이론이 타당하다는 사실을 입증한 긍정적 증거라고 생각했기 때문이다.

테일러는 슈미트가 극도로 우둔하고, 자기 이론이 생산성 증가의 주요 원인이라고 생각했다.([1911] 2007: 36~39) 테일러 이론에 따르면, 육체노동자는 근육만을 제공하고 모든 사고는 경영을 통해 제공된다. 노동 과정 자체는 근로자의 기술과 완전히 분리되어, 이상적으로 근로자는 로봇처럼 지성을 갖추지 못했고 그들이 매일 수행하는 임무에는 전통이나 기술의 흔적을 찾아볼 수 없다는 것이다. 근로자의 모든 지식과 주도권이 배제되므로 전체 노동 과정은 실질적으로 경영의 지배를 받는다. 다른 노동 방식을 생각하거나 제안하는 노동자는 단순히 고장 났다고 간주한다. 정말 모욕적인 이론이 아닐 수 없다. 테일러는 직장에서 이런 경영 형태를 받아들이는 근로자들에게 임금을 인상해줘야 한다고 말했다.

테일러의 과학적 경영 원칙을 가장 성공적으로 수행한 사례로 포드 자동차 Ford Motor Company를 들 수 있다. 이곳에서는 테일러 원칙이 조립 라인의 가동과 결합했다. 조립 라인의 기본 기술은 이미 정육 산업에 사용되고 있었지만 포드는 기술 활용 방식을 바꿔서 자동차 조립에 적용했다. 조립 라인의 기본 개념은, 근로자는 고정된 장소에 있고 일거리가 근로자에게 오는 것이다. 결과적으로 경영을 통해 주어진 임무의 완성 속도가 실정되고 완전히 새로운 수준에서 분업 원칙이 적용된다. 포드에서 자동차를 조립하는 근로자들이 갖춰야 할 기술은 매우 적었고, 실제로 기술이나 사고 능력을 전혀 갖추지 않은 것이 상섬으로 생각되었다. 따라서 모든 기술과 사고는 경영을 통해 이루어졌다. 1916년 《시카고 트리뷴Chicago Tribune》과의 인터뷰에서 포드는 이렇게 선언했다.

> 역사는 대개 허튼소리에 지나지 않는다. 역사는 전통이고, 우리는 전통을 원하지 않는다. 우리는 현재에 살기를 원하고, 역사에 눈곱만큼이라도 가치가 있다면 그것은 오늘날 우리가 만들어가는 역사다.

공장에서 이루어지는 노동은 노동 과정에 남아 있는 역사와 전통의 단편과 전혀 일치하지 않았다. 노동은 단조로워서 근로자의 정신을 멍하게 만들었지만 포드는 임금을 많이 받기만 한다면 근로자들이 이런 '퇴보'를 기꺼이 받아들이리라 믿었다.

조립 라인에서의 노동은 찰리 채플린Charlie Chaplin이 출연한 영화 〈모던 타임스Modern Times〉(1936)가 묘사한 만큼 미친 짓은 아니지만 패러디는 확실히 정곡을 찔렀다. 포드의 견해에서 근로자는 기계의 물리적 일부에 지나지 않았다. 영화에서 채플린은 기계로 빨려 들어간다. 채플린의 발작적 경련으로 기계의 일시성이 어떻게 인체를 장악하는지 드러난다. 또한 불쌍한 채플린이 자동 급식 기계에 몸이 묶여 있는 기이한 장면도 등장한다. 근로자가 계속 일할 수 있으려면 마치 엔진이 연료를 공급받듯 영양을 공급받아야 하기 때문이다.

1940년 들어 포드 자동차는 찰리 채플린의 〈모던 타임스〉에 대한 반응으로 생각되는 〈교향곡 F장조〉라는 제목의 단편 영화를 제작했다. 영화는 조립 라인 작업이 지닌 좀 더 긍정적인 이미지를 전달하려 했다. 천천히 진행되는 작업 공정 하나하나를 반복해서 조금씩 보여주면서 부품이 조립되어 가는 과정의 아름다움을 강조함으로써 노동의 단조로움은 거의 찾아볼 수 없다. 마지막에는 자동차 부품 전체가 살아나고 자동차가 자신을 직접 조립하는 마법의 왕국으로 공장 전체가 바뀐다. 영화는 "지상의 재료들이 인류에 기여하기 위해 포드 직원과 경영진, 기계의 손을 지쳐 변모한다."라는 말로 막을 내린다. 진실에 더욱 가까운 쪽은 조립 라인에서 일하는 삶에 대한 채플린의 기괴한 묘사일 것이다. 포드 자동차가 근로자의 임금을 현저하게 인상해야 했던 이유도 바로 그 때문이었다.

일당 5달러라는 파격적인 임금을 제시하기 전까지 포드 자동차의 신규 채용 비율은 370퍼센트였다. 따라서 1년에 거의 네 차례에 걸쳐 근로자 전체를 교체해야 했다. 신규 채용 비율이 높았던 이유는 근로자가 해고된 것이 아니라 재정적 곤란을 겪더라도 고된 노동을 견딜 수 없어 회사를 그만두었기 때문이다. 포드가 일당 5달러의 임금을 제시하면서 일단은 단조로운 노동이 참을 만해지는 것 같았다. 당시 주당 평균 수입은 11달러에 불과했기 때문이다.

《월 스트리트 저널 Wall Street journal》은 일당 5달러가 "터무니없는" 인상이라고 비판했지만 《뉴욕 이브닝 포스트 New York Evening Post》는 훌륭하고 관대한 조치"라고 보도했다. 결과적으로 보자면 양측의 견해는 모두 옳지 않았다. 포드 자체로는 훌륭한 자금 절약 조치였다. 조립 라인의 가동으로 생산성이 증가하면서 근로자들에게 인상 급료의 네 배인 일당 20달러를 지불하더라도 평상시 수익을 그대로 유지할 수 있었기 때문이다.

포드 식 생산 모델에서 이상적인 근로자는, 매번 정확하게 동일하고 효과적인 작업을 수행하는 완전히 경직된 사람들이었다. 근로자는 한 장소에 머물고 기세가 움직였다. 이런 작업 방식의 문제점은 고용주들이 원하는 정도보다 근로자들이 더 경직되는 경향이 있다는 것이다. 급료를 제외하고는 업무에 거의 만족하지 못하는 단순 작업 근로자들이 고용주에게 더욱 적대적이고 비협조적인 태도를 취했다. 직무 설명서에 명백하게 적혀 있지 않은 업무는 피하려 했고, 무엇이든 협상으로 해결하려 했다. 태업도 흔하게 발생했다. 하지만 태업은 노동 조건에 대한 윤리적 저항이면서, 근로자에게 자율을 전혀 보장하지 않는 공장 체제에서 자신의 자율을 확실하게 보여주는 방법으로 비춰져야 한다.

임마누엘 칸트의 윤리 철학을 사용하면 이런 노동 조직의 윤리적 문제를 파악할 수 있다. 칸트의 관점에서 근로자를 포함한 모든 인간은 그 자체 목적으로 대우받아야 한다. 칸트는 "따라서 자신의 인간성이든 타인의 인간성이든 언제나 수단이 아닌 목적으로 대우해야 한다."라고 썼다.(Kant[1785] 1998: 38) 본질적으로 사람을 존중하라는 뜻이다. 칸트는 인간을 아무 가치도 없는 단순한 도구로 대우하는 것은 인간을 전혀 존중하지 않는 태도라고 주장했다. 하지만 어떤 경우라도 인간을 목적 달성 수단으로 사용하지 말라는 뜻은 아니다. 자기에게 물품을 제공하는 사람에게 임금을 지불하는 행위는 사실상 상대방을 목적 달성 수단으로 사용하는 것이다.

칸트가 주장하는 요점은 인간을 단순히 수단으로만 대우하지 말고 언제나 그 자체를 목적으로 대우해야 한다는 것이다. 더욱이 인간이기 위한 요소, 다시 말해서 자율성과 자기 주도적 행동능력을 존중해야 한다. 포드 공장에 적용된 테일러의 과학적 경영 및 실행 모델에는 근로자가 사율권을 행사할 수 있는 여지가 전혀 없다. 칸트의 관점으로는 비윤리적 모델이었다. 마르크스의 주장에 따르면 테일러주의는 자본주의에서 발생하는 생산의 폐해를 보여준 명백한 예였다. 1913년 레닌은 테일러의 과학적 경영 이론을 "전과 동일한 시간 동안 노동력을 세 배나 쥐어 짜내려는 시도"라고 비난했다.(Lenin [1913] 1968: 594) 하지만 레닌은 다음 해 들어 태도를 급격하게 바꾸면서 이렇게 주장했다.

> 테일러 체계는 직절한 분배와 모든 사회적 노동의 합리화를 목적으로, 프롤레타리아가 사회적 생산 전체를 장악하고 자체 근로자 위원회를 지명할 시간을 만들어내고 있다.
>
> (Lenin[1914] 1968: 154)

이후에 레닌은 이런 신념을 더욱 확고히 했고, 1918년에 이르러서는 테일러주의가 없으면 러시아 혁명이 성공할 수 없다고 믿었다. 하지만 레닌의 의도는 테일러와는 달랐다. 레닌은 자본주의자의 이익을 증가시키고 싶지 않았고 단지 노동 효율을 높여 노동시간을 감소시키고 싶었다. 바로 마르크스가 『자본론』 제3권에서 제시했던 이상에 접근할 수 있는 조치라고 생각했기 때문이다. 그러나 젊은 시절의 마르크스였다면 레닌이 근로자를 최악의 소외 형태에 빠뜨렸다고 비난했을 것이다. '좌파 공산주의'라 불리는 반테일러 파벌이 공산당 안에서 생겨났지만, 레닌은 '미성숙한 혼란'에 빠져 있다면서 이들을 해체했다.([1920] 2001) 레닌과 신념을 같이 했던 스탈린은 "러시아의 혁명적 진보와 미국적 효율성의 결합이 레닌주의의 핵심이다"라고 주장했다.(Hughes 2004:251) 소비에트의 공장에서는 테일러주의가 온전하게 실행되지 않았고, 1935년에 들어서면서 자국에서 생겨난 여러 과학적 경영 형태, 즉 스타하노프 운동 Stakhanov movement이 시작되었다. 소비에트 당국자들은 스타하노프 운동으로 생산성이 놀랍게 증가했다고 보고했지만 시간이 흐른 뒤 대부분 허위로 밝혀졌다. 스타하노프 운동으로 생산성은 증가했지만 증가폭은 테일러주의보다 훨씬 적었다. 게다가 테일러주의에 비교해볼 때 소외 현상도 줄어들지 않았다.

테일러의 과학 경영 이론과 러시아의 여러 응용 이론은 산업 근로자를 위해 고안되었다. 20세기에 이르러 산업 사회가 탈산업화 사회로 대체되면서 산업 노동자는 점점 예외가 되어갔다. 탈산업화 경제 체제에서는 블루칼라 직업이 줄어들고 화이트칼라 직업이 계속 늘어나게 마련이다. 1950년대 미국에서는 화이트칼라 직업 수가 블루칼라 직업 수를 이미 추월했고, 오늘날 미국 근로자의 80퍼센트는 화이트칼라로 분류된다. 이미 농업 사회가 지났지만 농부가 사라지지 않듯, 블루칼라나 산업노동자도 계속 남겠지만 직업군의 주변으로 밀려나고 있는 실정이다. '화이트칼라'는 광범위한 개념의 용어다, 개념을 축소시켜 주로 정보를 다루는 직업 종사자, 즉 '지식근로자'로 범위를 한정한다 하더라도 화이트칼라들은 현재 미국 노동력의 절반 이상을 차지한다. 현대에 '전형적인' 근로자가 있다 해도 그들은 노동시간의 대부분을 정보를 다루며 보낸다. 일정 근로자 유형을 '지식근로자'라고 칭할 때의 문제는 다른 종류의 일에는 지식이 필요하지 않다는 뜻을 암시할 수 있다는 것이다. 이는 물론 터무니없는 말로, 지식에 대해 매우 편협한 개념을 지니고 있는 것처럼 들린다. 아리스토텔레스는 지식에는 다양한 형태가 있어서 이론적 지식과 실용적 지식이 있다고 말했다. 현대인은 육체노동을 제대로 수행하는 데 실질적으로 필요한 지식의 양을 잘못 알고 있는 경향이 있다. 지적노동과 육체노동은 절대적으로 분리되지 않고 정도의 차이가 있을 뿐이다. 두 종류의 노동에는 지적 측면과 육체적 측면이 모두 포함되기 때문이다.

노동의 특징이 바뀌면서 경영 또한 변하고 있다. 예를 들어 기술적 능력을 뜻하는 '하드 스킬hard skills'보다는, 사교적이거나 협동적인 사람을 비롯해서 어떤 종류의 사람인지 나타내는 '소프트 스킬soft skills'을 더욱 강조하고 있다. '소프트 스킬'이 눈에 띄게 부상하는 이유는 팀 단위 공동 작업이 보다 일반화되었기 때문이다. 팀은 주로 구체적인 프로젝트를 수행하기 위해 형성되므로 수명이 짧은 편이다. 프로젝트가 끝나면 팀은 대부분 해체되고 각 구성원은 새 프로젝트에 투입되면서 팀이 바뀐다. 팀 구성원으로 온전하게 기능하려면 팀을 옮겨서 구성원이 바뀔 때마다 동료 근로자들과 협력해서 일할 수 있어야 한다. 또한 새 팀에 즉각 적용할 수 있는 능력을 갖춰야 한다.

'지식 근로자'와 더불어 '지식 경영' 원칙도 등장했다. 지식 경영을 뒷받침하는 주요 개념은 근로자가 자기 지식을 기업의 데이터베이스에 이전하고 기업은 다른 직원에게 그 지식을 전달할 수 있어야 한다는 것이다. 이는 테일러가 주장한 과학적 경영 이론의 현대판 변형이다. 유일한 차이라면 이 개념이 육체 근로자뿐 아니라 지식 근로자에게도 적용된다는 사실이다. 테일러는 "과거에는 숙련공이 소유했던 전통적 지식을 수집하고, 분류하고, 표로 작성하고, 규칙과 공식으로 정리하는 무거운 임무"가 관리자의 몫이었다고 설명했다.(Taylor [1911] 2007: 24) 지식 경영은 이런 원칙을 새로운 분야에 적용한다. 이는 테일러 자신의 신념과도 완전히 일치한다. 테일러는 자신의 과학적 경영이 정부와 대학 경영을 포함한 온갖 종류의 일에 적용되어야 한다고 믿었기 때문이다. 지식은 저장될 수 있고 이를 소유하지 않은 사람에게 전달될 수 있으므로 가치를 지닌 상품이라는 것이 테일러의 신념을 구성하는 개념이었다.

모든 근로자는 자기 임무를 확실히 수행하도록 '경영' 대상자가 되어야 한다. 채플린 주연의 〈모던 타임스〉에서 회사 사장은 공장 곳곳에 감시 카메라를 설치해 모든 근로자의 일거수일투족을 감시하고, 화장실까지도 감시한다. 제레미 벤담^{Jeremy Bentham}*이 고안한 팬옵티콘^{Panopticon} 개념이 머리에 떠오른다. 팬옵티콘은 죄수가 알 수 없는 상태에서 교도관이 모

---

* 영국의 철학자이자 법학자 - 역주

든 죄수를 감시할 수 있도록 고안된 원형감옥이었다. 죄수는 자신이 감시당하고 있는지 확실히 알 수 없기 때문에 어긋나게 행동하지 않을 것이다. 벤담은 팬옵티콘을 '정신을 지배하는 힘을 획득하는 전례 없이 새로운 사고방식'이라고 묘사했다.(Bentham [1787] 1995: 31)

근로자 통제는 처음부터 경영 이론의 필수 요소였다. 통제를 강조한 것은 고용인과 피고용인에게 공통의 이익이 없다는 뜻이다. 공통된 이익이 있다면 통제의 필요성은 상당히 줄어들기 때문이다. 특히 기업 사다리의 바닥에 자리한 많은 직업에서 테일러 원칙은 여전히 작용한다. 그렇다면 기업 위계질서의 상위를 차지하고 있는 근로자는 어떨까?

오늘날 그들은 과거 어느 때보다 엄중하게 감시당하고 있다. 최근에 목격할 수 있는 테일러주의로 '기업 시스템enterprise systems'이 있다. 과거에 기업이 모든 업무 수행에서 효율성을 표준화하고 증가시키기 위해 블루칼라에 적용했던 조치를 지금은 화이트칼라에 적용하고 있다. 직원은 주어진 과정에 따라야 하고 업무 수행 속도를 결정하는 것은 대부분 경영진이다. 이는 포드 생산라인의 탈산업화 형태로, 직원들이 정해진 원고를 읽고 정해진 시간 동안만 통화해야 하는 콜센터 등에서 찾아볼 수 있다.

경영진은 컴퓨터 기술을 사용해 직원의 하루 작업과 작업 결과를 감시할 수 있다. 현재의 기업 시스템과 테일러와 포드가 추구했던 이상理想에는 분명한 경계가 존재한다. 다수의 중역들은 끊임없이 새로운 '철학'을 모색한다. 때때로 이런 철학은 '경영'이 아닌 '리더십'에 대해 말하는 등 어휘의 변화이고, 때때로 조직 전체를 변화시키는 요소를 소개하는 것이다. 나는 현대 경영 문헌을 읽으면서, 1960년대와 1970년대에 자유 개성 상상력을 부르짖던 반문화 표어 같다는 인상을 받았다. 과거에는 히피들이 사용하던 상투적인 용어였지만 지금은 기업에서 사용하고 있을 뿐이다. 따라서 우리는 '팀 플레이어'인 동시에 관례에 순응하지 않고 독립적이어야 하고, 독창적인 동시에 재미있어야 한다. 강해야 하지만 마음도 움직일 줄 알아야 하는 등 '소프트 스킬'을 발달시켜야 한다. 이런 자질들은 한 데 접합하기가 상당히 어려울 수 있다. 텔레비전 시리즈 〈더 오피스〉에서 관리자 데이빗 브렌트David Brent는 "팀플레이라니까. 나는 그것을 '팀의 개성'이라 부르지. 이건 새로운 개념이야. 경영 스타일처럼 말이야"라고 말했다.(Gervais & Merchant 2003)

현대의 리더는 직업이라는 것이 단순히 직업이 아니라 온전한 잠재력을 깨닫고 '진정한 자아'를 발견하는 놀라운 기회라고 직원에게 확신시켜야 한다. 진정한 리더십은 인간을 중심에 놓는다. 직장에서의 자기인식은 전문 기술을 넘어서서 자신을 '향상시키는' 것이다. 직원은 개인으로서의 발달 부족을 노동으로 극복해야 한다. 직원과 조직 전체는 끊임없는 학습 과정에 놓이는데, 이는 임금을 받는 차원을 넘어서는 노동의 측면이다. 또한 이는 직원이 어떤 사람이 될 수 있는지에 대한 개념이다. 테일러주의의 리더십 모델과는 반대로 리더들은 직원에게 어떤 일도 강요하지 않고, 조직에 바람직한 방향으로 스스로 변화하도록 직원에게 동기를 부여할 것이다. 기업은 직원들의 뜻에 거스르거나 직원들의 성향과 기업 이익이 근본적으로 서로 대립한다고 추측하지 말고 그들의 성향과 개인 성취욕을 활용해야 한다. 직원과 조직의 동기와 목적은 완벽하게 조화를 이루어야 한다. 경영은 각 직원의 영혼을 통과한다. 따라서 근로자에게 외부에서 규율을 부과하지 말고, 내부에서 동기를 부여한다.

포드 식 패러다임에서 근로자는 영혼이 없지만, 많은 현대 경영 이론에서 근로자는 영혼의 소유자다. 따라서 오늘날 근로자는 기업 문화를 내재화하고 기업의 가치와 '정신'을 구현해야 한다. 근로자를 얼마간 기계처럼 생각했던 포드 식 패러다임에 비교한다면 근로자를 생각과 감정을 지닌 존재로 보는 현대 경영 이론은 그만큼 향상된 형태다. 하지만 현대 경영 전략은 '정상' 기업보다 숭배자 집단에 더욱 적절해 보이기도 한다. 내가 읽은 책들 중에서 내용이 가장 끔찍했던 것은 예스퍼 쿤데Jesper Kunde의 『기업 종교Corporate Religion』(2000)였다. 실제로 쿤데의 원칙에 따라 운영되는 기업에서 일하느니 차라리 H. P. 러브크래프트Lovecraft의 공포물에 섞여 사는 편이 더욱 낫겠다는 생각이 들 정도다. 여기서의 기본 개념은 자기 브랜드를 믿어야 한다는 것이다. 문제가 되는 신념은 '영혼이 있는 기업'에 대한 전적인 믿음이다. 경영, 인적자원, 기업문화와 브랜딩 영역이 조화를 이루어야 한다. 여기서는 고객을 '평신도'에, 직원을 '선교사'에, CEO를 '영적 리더'에 비유한다.

서점에서 '리더십' 분야 서가를 훑어보면 데이빗 바론David Baron과 리넷 패드와Lynette Padwa의 『모세 식 경영: 세기 최고 관리자에게 배우는 리더십 교훈 50가지Moses on Management: 50 Leadership Lessons from the Greatest Manager of All Time』, 로버트 델란슈나이더Robort Dilenschneider의 『CEO 모세: 리더십 교훈Mose: CEO: Lessons in Leaderships』, 로리 베스 존스Laurie Beth Jones의 『고대 지혜로 보는 비전 있는 리더십Using Ancient Wisdom for Visionary Leadership』, 스테판 루드니키Stefan Rudnicki의 『이사회 회의실의 공자: 비즈니스를 위한

고대 지혜, 현대적 교훈Confucius in the Boardroom: Ancient Wisdom, Modern Lessons for Business』등이 눈에 띌 것이다. 이런 책들이 지나치게 '영적이란' 생각이 든다면 좀 더 문학적으로 접근할 수도 있다. 노먼 어거스틴Norman Augustine과 케네스 아델반Kenneth Adelman의 『담당자 셰익스피어: 비즈니스 무대에서의 통솔 및 성공 지침Shakespeare in Charge: The Bard's Guide to Leading and Succeeding on the Business Stage』, 존 휘트니John Whitney와 티나 백커Tina Packer의 『강력한 연극 : 셰익스피어의 리더십과 경영 교훈Power Plays: Shakespeare's Lessons in Leadership and Managements』등이 여기에 속한다. 셰익스피어 관련 내용이 지나치게 지적이라면 글로리아 길버트 메이어Gloria Gilbert Mayer와 토마스 메이어Thomas Mayer의 『경영의 골디락스Goldilocks on Management』를 참고하면 좋다. 또한 데보라 힘셀Deborrah Himsel의 『소프라노 스타일의 리더십Leadership Sopranos Style』과 안소니 슈나이더Anthony Schneider의 『경영의 토니 소프라노Tony Soprano on Management』처럼 '거친 남성'을 이상으로 삼은 책도 있다. 내가 발견한 가장 야릇한 제목의 책으로는 웨스 로버츠Wess Roberts의 『훈족 아틸라의 리더십 비결Leadership Secrets of Attila the Hun』과 그 속편 『훈족 아틸라의 승리 비결Victory Secrets of Attila the Hun』이 있다. 나는 훈족 아틸라에게서 리더십에 대한 조언을

얻는 상사 밑에서 일하고 싶은 생각은 없다. 이런 리더는 '위계질서에서 모든 근로자는 자신의 능력 이상까지 출세하는 경향이 있다'는 소위 피터 원칙을 지지할 것 같기 때문이다.

나는 재계에 몸담고 있는 사람들을 상대로 꽤나 많은 강연료를 받으며 강의할 때가 있다. 강의를 준비하기 위해 경영에 관련된 인기 있는 최신 지식도 꾸준히 읽고 있다. 경영에 대해 많은 정보를 얻기 위해서라기보다는 청중이 어떤 종류의 생각을 하고 있는지 알고 싶기 때문이다. 하지만 이런 종류의 책이 담고 있는 '내용'은 약간 실망스럽다. 대부분 이런 책은 독자의 눈길을 끄는 몇 가지 표제와 여기에 드러난 광범위한 일반화를 뒷받침하는 여러 사례로 구성되어 있다.

책에 담긴 주장은 철학자들이 철학으로 생각하는 내용에는 미치지 못하지만 '철학'이라 불리는 경우가 많다. 나쁜 내용의 책이 있다는 사실 자체는 그다지 문제가 되지 않는다. 하지만 이런 책들이 독자들의 삶에 미치는 영향은 적당한 철학 서적보다 훨씬 크다. 1990년대 기업마다 '인원 삭감'을 외치던 당시에, 주주의 이익을 극대화하려면 기업의 규모를 축소시켜야 했으므로 결과적으로 많은 사람들이 직업을 잃었다. 그러나 당시 실직이 지나치게 가혹했다는 사실이 밝혀져서 인원 감축에 뒤이어 적정인원 유지 정책이 실시되었다. 이는 감축되었던 여러 직업이 다시 생겨났다는 뜻이다.

앞에서 언급한 경영 서적의 예측력은 떨어지는 편이다. 이 분야에서 가장 크게 성공을 거둔 책으로 톰 피터스Tom Peters의 『초우량 기업의 조건In Search of Excellence』(1982)이 있다. 책이 출간되고 5년이 지나 드러난 사실에 따르면, 피터스가 '초우량 기업'으로 지적했던 기업의 상태는 그가 '초우량 조건'이 심각하게 부족하다고 주장했던 기업보다 훨씬 악화되었다. 따라서 피터스가 제시한 '초우량 조건' 여섯 가지를 갖추는 것은 시장에서 패배한 기업이 되기에 충분조건이었던 셈이다. 이런 종류의 책들이 제시하는 조언은 전혀 유용하지 않고 오히려 정반대의 결과만 낳는 것 같다.

20세기를 주도하는 경영 대가들 중 한 명인 피터 드러커Peter Drucker는 정확히 이렇게 지적했다. "경영의 많은 부분이 사실상 사람들을 일하기 어렵게 만든다." 경영은 끔찍한 시간 낭비인 동시에 결과 또한 실망스러울 수 있다. 〈더 오피스〉에 등장하는 데이빗 보텐트가 최악의 관리자인 주요 원인은 자기중심주의, 고집불통, 사교성 결여, 끔찍한 유머감각에 덧붙여서 수많은 경영 관련 서적을 읽거나 대충 훑어본다는 사실이었다. 가뜩이나 어떻게 손 쓸 수 없을 정도로 변변치 못한 데이빗의 판단력을 이런 책들이 더욱 망쳐 놓은 것이다. 그가 강연을 시작하기 전에 티나 터너Tina Turner의 〈간단할수록 좋아Simply the Best〉를 틀어놓고 청중에게 동기를 부여하는 연설가가 되려고 애쓰는 내용의 에피소드는 텔레비전 역사상 가장 유쾌하면서도 고통스러운 순간이었다.

그렇다고 경영 이론이 모두 나쁘다고 주장하는 것은 아니다. 하지만 현재 '경영 철학'으로 자리 잡은 조야한 글을 읽으면 불편해지는 감정을 피하기는 힘들다. 물론 재미의 요소는 있다. 더 이상 저급해질 수 없는 단계까지 비즈니스 문헌이 추락했을 때 노동에서 재미를 느끼는 방법과 이유를 다룬 책들이 여럿 등장했다. 데이브 햄사스Dave Hemsath와 레슬리 여키즈Leslie Yerkes의 『직장에서 즐겁게 일하는 301가지 방법301Ways to Have Fun at Work』, 매트 바인슈타인Matt Weinstein의 『즐기는 경영Managing to Have Fun』 등이 그것이었다. 이른바 경영 컨설팅이 재미와는 별 상관이 없는 분야라고 생각한다면 '펀설턴트Funsultants'와 '펀실리테이터funcilitators'의 등장에 놀랄 것이다. 물론 노동이 재미있을 수 있고 종종 재미있기도 하지만 강요된 재미는 더 이상 재미가 아니다. 몇 년 전에 미래학 웹사이트 제작 프로젝트에 참여한 적이 있었다. 유능한 사람들이 많이 참여했고, 참여자들은 상당히 재미있는 작업이라 생각해서 보수를 받지 않고 자발적으로 프로젝트에 참여했다. 하지만 애석하게도 프로젝트 리더가 재미있게 일하자는 개념을 지나치게 곧이곧대로 생각해서 주어진 시간을 온통 '놀이'와 '창의적 시도'에 써버렸다. '창의적 시도'로 얻고자 하는 결과에 대해 명쾌한 계획을 세워놓지 않고서 말이다. 나는 1년 동안 프로젝트에 참여해 놀면서 실질적으로 아무 일도 하지 않다가 그곳을 떠났다. 직장에 강제로 재미를 불러들이겠다는 충동을 느끼는 중역이라면 반드시 〈더 오피스〉 전 회를 시청하고, 어째서 그것이 끔찍한 생각인지 깨달아야 한다. 데이빗 브렌트는 이렇게 말했다.

> 너희들은 나 같은 상사는 죽었다 깨어나도 못 만날 거야. 이렇게 느긋한데다가 재미있는 상사를 어디서 만나겠어?
>
> (Gervals & Merchant 2003)

직원을 즐겁게 하려고 끊임없이 시도하는 상사 밑에서 일하는 자체가 정신적 고문이다. 데이빗 브렌트 같은 상사보다는 자신이 즐겁게 해주어야 할 아이가 아닌 어른으로 직원을 대우하는 상사가 훨씬 낫다.

'경영의 대상이 되는 것'은 직업 생활에서 가장 크게 좌절을 안겨주는 경험일 수 있다. 경영이나 '리더십'을 강조하는 태도는 현대 직장에 언제나 존재하고 아마도 더욱 강화될 것이다. 이런 현상에 대해 보통 직원들이 할 수 있는 일은 거의 없다. 그저 귀를 기울이는 척하고 지내다가 가끔씩 현명한 말을 한두 마디 듣거나 경영진이 변덕을 일으키기를 기다릴 뿐이다.

6

임금

임금

　임금을 얼마나 받고 싶은가? 가능하다면 많이 받고 싶을 것이다. 거의 모든 사람들이 낮은 임금보다는 높은 임금을 받고 싶어 한다. 몇 가지 이유에서 높은 임금에 더 만족하기 때문이다. 행복에 대한 연구의 결과에 따르면, 높은 임금을 받는다고 해서 만족도가 높은지는 결코 명확하지 않다.(cf. Lane 2000: 59~76) 가난한 사회에서는 두 가지 요소 사이에 매우 명확한 관계가 성립하지만, 사회가 부유해지면서 그 관계는 약해져 매우 부유한 사회가 되면 거의 아무런 관계가 없다. 몇몇 연구 결과를 보면, 수입이 증가할 때 행복의 정도가 약간 증가하는 것을 알 수 있다. 하지만 건강과 개인 관계를 비롯한 다른 요소와 비교해보면 거의 차이가 없었다. 이는 부유한 사회에서 수수한 규모의 수입을 벌어들이는 사람과 부자에게 모두 적용되는 원칙이다. 물론 보상이 줄어드는 경우도 있다. 수입을 많이 거둘수록 추가 수입이 초래하는 차이는 줄어들게 마련이다.

거주지 또한 중요한 역할을 한다. 나는 학생이었을 당시 1년에 7,000~8,000파운드를 소비했다. 방세를 내고, 옷, 책, 음식, 술과 담배를 충당하기에 충분한 금액이었다. 그러다 연구 교수로 장학금을 받으면서 연간 수입이 2만 5,000달러로 갑자기 불어났다. 처음 몇 달 동안에는 마치 돈에 파묻혀 수영을 하는 느낌이었다. 하지만 그런 기분도 잠깐 느꼈을 뿐, 그 수입 수준에 빨리 익숙해졌다. 지금 생각하면 당시에 그 정도 수입으로 어떻게 생활을 꾸릴 수 있었는지 모르겠다. 지금 내 수입이 갑자기 두세 배로 늘어나더라도 금세 불충분하다고 느낄 것이다. 사람들은 많아진 수입에 매우 빨리 익숙해지고 자신의 생활수준이 상당히 향상되었다는 사실을 금방 잊는다. 과거보다 수입이 더욱 늘어난 지금 나는 더 행복할까? 그렇지 않을 것 같다. 지금보다 수입이 두세 배가 늘어나면 훨씬 행복해질까? 이 또한 그렇지 않을 것 같다.

대부분의 사람들은 임금이 25퍼센트 인상되면 훨씬 행복해지리라 믿는다. 그러나 부유한 국가에서 중간 수준의 임금을 받는 사람과 수입이 이들보다 25퍼센트 많은 사람을 비교해봤을 때 수입이 더 많은 사람이 일반직으로 더 행복하다고 말할 수 없다. 따라서 행복이 목표라면 수입 증가를 지나치게 강조하지 말아야 하고, 가족이나 친구와의 좋은 관계 형성보다 수입 증가에 우선순위를 두지 말아야 한다. 자신에게 임금은 얼마나 중요할까? 스스로 벌어들이는 순수한 금액이 중요할까, 아니면 타인과 비교한 금액이 중요할까? 다음 두 세계 중 자신이 살아갈 세계를 선택할 수 있다고 가정해보자.

(1) 자기 수입은 연간 3만 5,000파운드, 타인의 수입은 4만 5,000파운드다.
(2) 자기 수입은 연간 2만 5,000파운드, 타인의 수입은 2만 파운드다.

수입 이외의 조건은 모두 같다고 가정한다. (1)의 세계를 선택하면, (2)의 세계에서 2만 5,000파운드로 살 수 있는 것보다 1만 파운드어치 물건을 더 살 수 있다. 어떤 세계를 선택하겠는가? 표준 경제 이론에 따르면 자신에게 최대 구매력을 제공하는 (1)의 세계가 정답이다. 하지만 (2)의 세계를 선택하는 사람이 많다. 이런 반응으로 판단해보면, 많은 사람들은 상당량의 절대적 수입을 포기하고 상대적 수입을 늘리려 한다.

우리에게는 타인과 비교한 자신의 수입 수준이 중요하다. 자신의 사회 지위와 사회 계층을 말해주기 때문이다. 일반적으로 자신이 투자한 시간으로 임금을 받는 사람들은 가정주부와 연금 생활자처럼 시간이 '무료'인 사람보다 높이 평가 받는다. 물론 예외는 있다. 예를 들어 마약 밀매꾼과 매춘부는 연금 생활자보다 높이 평가 받지 못한다. 종교 지도자의 경우에는 종교가 커다란 비즈니스로 몹시 불쾌하게 부각될 때를 제외하고 평판과 금전적 보상 사이에 명백한 관계가 없어 보인다. 이런 예외를 제외한다면, 스스로 투자한 시간에 대한 청구액과 일반적으로 인식된 가치 사이에는 관련성이 있다. 물론 이런 관련성을 전적으로 불합리하다고 물리칠 수 있고 또 그래야 하지만 이런 관련성은 우리가 속한 문화의 사회 위계질서가 가진 특징이다. 이런 특징의 이면에는 자기 시간의 가치가 타인보다 큰 사람이 더욱 중요하다는 추정이 숨어 있다. 임금은 현대 노동 개념의 핵심이다. 설사 신체적 정신적 노력의 양이 같더라도 임금을 받느냐 받지 않느냐에 따라 노동인지 취미인지를 구별할 때가 많다. 순수하게 이상적인 이유로 임금을 받지 않고 어떤 노동을 했든지 간에 사람이 느꼈던 만족감은 정작 임금을 받기 시작하면서 떨어지는 경향이 있다. 반대의 경우도 마찬가지다. 물론 자기가 좋아하는 일을 계속하면서 임금까지 받는다면 잘된 일이다. 문제는 임금이 활동 자체의 관계를 변화시킨다는 점이다. 본질적으로 의미 있는 활동이 임금을 받음으로써 빈약한 직업으로 바뀐다. 그렇다면 직업에 최대의 관심을 두지 말고, 흥미가 약간 떨어지는 직업을 선택해서 주요 관심사가 돈 때문에 '망가지는' 일이 발생하지 않게 해야 한다. 이는 내 경험에서 우러난 이야기이기도 하다. 내가 철학에서 느꼈던 개인적 만족감은 철학을 직업으로 선택하면서 상당히 줄어들었기 때문이다.

임금이 현대 노동 개념의 중심 속성이기는 하지만 그렇다고 임금이 노동의 필수 요소라 생각할 이유는 없다. 무임금 직업도 있기 때문이다. 노예가 일하지 않는다면 이상할 것이다. 인류 역사에서 노예 제도는 예외가 아니라 규칙이었다. 농업이 발달했던 사회의 5분의 4는 어떤 형태로든 노예 노동력을 기반으로 했으리라 추정된다. 심지어 유럽과 미국에서 잔인하기 그지없는 노예 매매 현상이 시작되기 이전에도 아프리카 인구의 상당 부분, 최소한 3분의 1은 노예였고, 고대 그리스와 로마 경제는 노예제도를 바탕으로 구축되었다. 노예제도는 고대 세계가 일반적으로 받아들였던 인습이었으나 소피스트를 포함한 일부 철학자들은 목소리 높여 노예제도에 반대했다. 고르기아스Gorgias*의 제자 알키다마스Alcidamas는 "신은 모든

---

* 고대 그리스 철학자로 대표적인 소피스트 - 역주

인간을 자유롭게 했고, 자연의 이치는 어떤 인간도 노예로 삼지 않는다"고 말했다. 하지만 이는 소수 의견에 불과했고 주류 철학은 노예제도를 받아들이고 옹호했다. 유럽인과 미국인이 아프리카인을 노예로 삼아 잔인한 횡포를 일삼았던 것에 비교한다면, 그리스인과 로마인 대부분은 노예를 상당히 인간적으로 대우했다. 하지만 노예를 개인 소유물로 생각하기는 마찬가지였다. 중세시대에 접어들면서 노예제도는 상당 부분 농노제도로 대체되었다. 노예와 농노의 구별 방법은 확실하지 않지만 라틴어 servus 또한 '노예slave'의 어원이었다. 농노의 자유는 노예보다 약간 많았다. 농노는 노예와 같은 정도로 매매되는 물건이 아니었고, 주인에게 조공을 바치기만 하면 노동 방식과 시기를 어느 정도까지는 직접 결정할 수 있었다. 법으로 폐지되기까지는 시간이 꽤 걸렸지만 농노제도는 결국 사라졌다. 농노제도의 소멸은 인도주의적 원인이라기보다는 경제적 원인 때문이었다. 임금 노동이 더욱 효율적으로 보였던 것이다. 애덤 스미스는 주장했다. "여러 연령층과 국가를 경험해본 결과 궁극적으로는 자유인의 노동이 노예의 노동보다 비용 면에서 싸다고 생각한다."([1776] 1981: 99) 또한 스미스는 노예제도를 반대하는 윤리적 주장을 펴면서 "남녀노소를 불문하고 마치 가축처럼 시장에서 치열한 경매에 부쳐

팔아 사람을 가장 비참한 상태에 빠뜨리는" 잔인성을 강력하게 비난했다.([1759] 1982: 282) 그러나 세상에 더욱 큰 영향을 미친 것은 윤리적 논쟁보다 경제적 논쟁이었다. 오늘날에는 노예제도가 대부분 과거에 존재했다고 여겨지지만, 실제로는 어느 때보다 많은 노예가 존재한다. 과거에는 노예의 상대적 수가 더 많았다면, 오늘날에는 노예의 절대적 수가 어느 때보다 많다. 탈출할 수 없고 폭력 위협을 받으며 임금 없이 강제 노동에 시달리는 사람을 "노예"로 정의한다면, 현재 전 세계적으로 노예는 2,700만 명에 이른다(cf. Bales 2012). 노예는 대부분 인도와 아프리카 국가에 있지만, 노예무역의 피해자들은 서구 세계에도 존재한다. 노예의 가격은 지역마다 상당히 다르나 세계 평균 가격은 미화로 약 100달러이다.

노동과 임금의 관계가 서로 의존적인 또 다른 이유는, 노동이 돈보다 훨씬 오래된 현상이라는 것이다. 우리가 즉시 노동으로 인식할 수 있는 현상은 화폐가 발명되기 전에도 수천 년 동안 존속해왔다. 농업은 노동이다. 최초의 농업 사례를 추적하기는 물론 쉽지 않지만, 오늘날 남부 이라크와 시리아로 불리는 지역에서 농부들이 식물을 경작하기 시작했던 체계적 농업의 역사는 최소한 기원전 1만 년까지 거슬러 올라간다. (페루인이 기원전 1만 년 전에 곡식과 호박을 정작하기 시작했다는 주장이 있기는 하지만 이런 주장은 여전히 논란의 대상이다.) 농업은 이집트에서 시작되어 인도와 중국으로 확산되었다. 기원전 5000년, 특히 수메르 지역의 농업이 국도로 복잡해지면서 농부들은 자기 능력에 따라 전문 영역을 갖게 되었다. 다시 말해 분업이 등상했다.

여기서 말하려는 요점은, 화폐제도는 아직 발명되지 않았지만 모든 활동을 노동으로 생각해야 한다는 것이다. 화폐의 발명은 상당히 중요한 사건으로, 심지어 그리스 사회의 화폐화가 철학 발명의 필요조건이었다고 주장하는 사람도 있다. 화폐화가 사회관계를 근본적으로 바꾸고 비인격적 우주 개념을 가능하게 만들었기 때문이다.(cf, Seaford 2004) 거트루드 스타인Gertrude Stein*은 한 발 더 나아가 "인간과 동물을 구별하는 요소는 화폐다"라고까지 주장했다. 스타인의 주장에도 일리가 있다. 화폐는 과거에 가능했던 정도를 넘어서서 방대한 사회관계 형성에 필요한 조건이었다. 화폐 발달의 중요한 단계는 화폐가 더 이상 물건에 대한 대가만이 아니라 노동에 대한 대가로 사용되기 시작한 시점이다. 따라서 노동은 상품의 하나

---

* 미국 시인이자 소설가 - 역주

가 되었다. 더욱이 화폐 발달은 사람의 시간을 돈으로 평가하는 현대적 현상을 이끌어서 결국 벤자민 프랭클린의 "시간은 돈이다"(1987: 320)라는 개념에 도달하기 위한 첫 단계가 되었다. 영국의 경제학 교수인 이안 워커Ian Walker가 이런 개념을 극단적 방식으로 보여주었다. 워커는 시간이 지닌 금전적 가치를 계산하기 위해, 시간의 가치를 V, 한 개인의 시간당 임금을 W, 세율을 t, 지역 생활비를 C로 정하고 나서, $V=[W(100-t)/100]/C$라는 공식을 세웠다. 그는 위 공식을 사용해서, 보통 영국인의 1분이 남성에게는 10펜스를 약간 넘고, 여성에게는 8펜스만큼의 가치가 있다고 결론지었다. 예를 들어 양치질의 대가는 30펜스, 손세차의 대가는 3파운드다. 따라서 요리를 손수 만들어 먹지 않고 밖에서 사와서 먹으면 돈을 절약할 수 있다.

우리는 현대의 임금 노동 개념에 너무나 익숙해서, 오랫동안 그런 개념을 거부한 노동자가 많았다는 사실을 의아하게 여긴다. 임금 노동 개념은 그만큼 현대 사회에 깊이 뿌리내리고 있어서 여기에 반론을 제기하는 사람은 거의 없다. 산업 혁명기를 돌아보면 임금 노동에 대한 근로자들의 저항은 격렬했다. 이런 저항의 역사적 배경은 장인으로 조직된 길드가 상당한 영향력을 행사했다는 것이다. 근로자가 임금을 받고 일하는 공장이 세워지면서 길드의 영향력은 약화되었다. 부유한 상인만이 공장을 세울 수 있었고, 길드의 구성원인 장인들은 공장과 경쟁을 벌일 수 없어 공장의 유급 근로자가 되었다. 그런 탓에 근로자의 마음에는 상당한 분노가 쌓였다. 물론 그들이 공장 노동을 싫어했던 주요 이유는 노동이 결코 쉽지 않았기 때문이다. 근로자에게 벌금을 물리는 공장주도 있었고 근로자에게, 특히 아동 근로자에게 체벌을 가하는 공장주도 많았다. 노동을 게을리하거나 창문 밖을 내다보거나 동료 근로자와 잡담을 하면 벌금을 내야 했다. 게으름 피울 여유가 전혀 없었고 감독은 엄격했다. 하지만 가혹한 대우에 덧붙여서 자신이 타인에게 종속되었다는 사실 자체가 근로자를 괴롭혔다. 근로자들은 임금을 받기 위해 타인의 지시에 따라야 하는 현실을 싫어했고, 이런 관계를 노예제도나 매춘에 견주는 근로자도 많았다.

근로자들은 자신이 생산한 가치와 실제로 지불받은 임금의 차이는 사실상 고용주들이 자기에게서 훔친 것이라고 주장했다. 고용인과 피고용인 사이에 빚어진 갈등이 격렬해지고 때로는 폭력적일 때도 많았다. 결국 갈등이 더욱 세련된 양상을 띠기 시작하면서 근로자는 '완전한 해방'을 요구하지 않고 임금 인상, 노동시간 축소, 노동 조건 개선 등을 이루기 위해 협상했다. 근로자들은 자신들이 '정당하게' 받아야 하는 조건을 모두 받고 있는지, 다시 말해 잉여분이 자신들에게서 훔친 것인지의 여부보다는 자기가 받는 임금이 가족을 부양하기에 충분한지에 더욱 큰 관심을 쏟았다. 즉 근로자가 임금 노동을 받아들이고 이에 따른 힘의 분할을 허용했다는 뜻이다. 혁명적 마르크스주의의 바람과는 달리 근로자들은 더 이상 자본주의 패러다임에 도전하지 않았고, 오히려 그 안에서 자신들이 처한 조건을 향상시키려는 수수한 야심을 품었다. 이는 근로자가 소비자로서 개인적 성취와 자유에 희망을 품게 되리라는 뜻이었다. 이제 근로자의 주요 목적은 소비 가능성을 높이기 위한 임금 인상이 되었다.

영국 작가 아서 영Athur Young은 "낮은 계급은 계속 가난할 수밖에 없거나 결코 부지런하지 않다는 사실은 바보가 아닌 이상 누구나 안다"고 주장했다.(Young 1771: 361) 누구든 영의 이 말을 인용하는 사람은 영이 덧붙여 내세운 다음 조건은 언급하지 않는다.

> 영국의 가난한 사람들이 프랑스의 가난한 사람처럼 생각해야 한다는 뜻은 아니다. 하지만 국가의 상태를 생각해보면 그들은 모든 사람들이 그렇듯이 결단코 가난을 벗어나지 못하거나 노동

하지 않으려 할 것이다.

영의 견해는 여전히 잘못됐다. 애덤 스미스는 실질 임금 인상을 담은 성장 이론을 체계화함으로써, 사람들이 빈곤에서 벗어날 수 없다는 가정을 처음으로 뒤집었다. 실제로 경제가 성장하면 더 많은 임금을 받을 수 있기 때문이다. 스미스는 임금이 최소한 가정생활을 유지하고 준수한 생활을 할 수 있을 정도는 되어야 한다고 주장했다. 실제로 그는 사회 정의라는 측면에서 그런 생각을 했던 최초의 인물이었다.

> 타인의 의식주를 해결해주는 사람은 자기 노동의 대가로 생산물을 차지해서 자신의 의식주 또한 웬만큼 해결할 수 있어야 공정하다.
> (Smith [1776] 1981: 96)

스미스 경제 이론의 출발점은 가난한 사람들에 대한 관심이었다. 스미스는 결국 근로자의 조건을 향상시킬 것이라면서 자본주의를 변호했다. 마르크스도 관심사가 같았지만 스미스와는 반대로 자본주의가 실질 임금을 감소시키리라 확신했다. 결국 스미스의 견해는 옳고 마르크스의 견해는 어긋났다. 마르크스의 예측과는 달리 산업 사회의 실질 임금은 줄어들지 않았다. 오히려 실질 임금은 인플레이션보다 훨씬 빨리 인상했고 정부가 최저 임금 제도를 도입하기 전에 이미 그러했다. 그렇다면 근로자는 어느 정도의 임금을 받아야 할까? 자유 시장 개념을 믿는 사람이라면 시장이 기꺼이 지불하는 만큼이라고 대답할 것이다. 사회주의자의 대답은 둘로 나뉜다. 사회 기여도에 따라 근로자가 임금을 받아야 한다는 주장도 있고, 자기 필요에 따라 임금을 받아야 한다는 주장도 있다. 마르크스는 두 가지 관점을 모두 주장했다. 그러나 좀 더 정확하게 말하면 공산주의 초기에는 첫 번째 견해를 받아들여야 하지만 궁극적으로는 두 번째 단계에 이르러야 한다고 주장했다. 마르크스는 『고타강령 비판 Critique of the Gotha Programmed』에서 "능력에 따른 분배에서 필요에 따른 분배로"([1875] 1996: 215)라는 유명한 말을 남겼다. 이는 훌륭한 개념처럼 들린다. 1987년에 실시한 여론 조사 결과, 조사 대상자의 거의 절반에 이르는 미국인은 이것이 미국 헌법에서 나온 표현이라고 대답했다.

이런 접근 방법의 문제는 인간의 필요가 무엇인지 결정하기가 결코 쉽지 않다는 사실이다. 마르크스가 언급한 사항들 중 하나는, 필요를 채워주어야 하는 사람의 수다. 그는 장애인에 대해서는 언급하지 않았지만 아마도 장애인의 필요가 다른 사람보다 크다는 점은 분명히 인식하고 있었을 것이다. 더욱이 필요는 장애뿐 아니라 사회적 배경에 따라서도 달라진다. 부유한 환경에서 성장한 사람의 필요는 가난한 환경 출신보다 값비쌀 것이다. 사람이 인식하는 필요는 사람마다 다르다. 모두의 개인적 필요를 계획하려면 사회 체계가 극도로 복잡해질 수밖에 없고, 매우 불공정해 보이기까지 할 것이다.

가장 보편적이고 아마도 가장 합리적인 중간 단계의 입장을 취할 수도 있다. 풀어 말하자면 임금이나 사회 복지를 통해 모든 사람에게 일상 수준의 수입을 보장하는 한편, 수입은 시장에 맡겨 수입 불균형을 허용한다. 그렇다면 무엇을 기준으로 최소 수입 수준을 결정할지의 문제가 여전히 남지만 이 책에서는 그 문제를 다루지 않을 것이다. 최소 수입 기준은 특정 한계를 설정해서 누구도 그 밑으로 추락하지 못하게 하는 실력주의 시스템이다. 사람들은 대개 각자의 기여도에 따라 수입이 달라지기 때문에 실력주의 질서가 공정하다고 생각하는 것 같다.

그렇다면 이 장의 서두에 언급했던 의문으로 돌아가 보자. 우리에게는 타인과 비교한 자신의 수입 정도가 중요하다. 사회 위계질서에서 자신의 '가치'를 결정하기 때문이다. 그러나 앞에서 살펴봤듯이 임금 수준이 매우 낮지만 않다면 임금이 인상된다 해서 행복이 크게 증진되지는 않는다. 현재 자기 수입에 만족하지 않는다면 수입이 늘어난다고 해서 훨씬 더 행복해질 것 같지 않다. 승진도 마찬가지다. 언뜻 보기에 승진은 자기 가치를 대변하는 것처럼 보인다. 하지만 승진하면 더 행복할까? 승진을 원하던 사람이 마침내 승진했다면 만족이 크리라 추측할 수 있다. 하지만 놀랍게도 실상은 정반대여서, 최근에 승진한 사람들의 만족도는 떨어지는 경향을 보인다. 승진을 하면 또 다른 승진을 기대하게 되기 때문이다. 이렇듯 사람들은 자신의 절대적 지위가 향상되어도 자신의 상대적 지위를 생각하며 불만을 품은 경향을 보인다.

그렇다면 승진을 피해야 할 것 같다. 내 친구가 이런 경우에 속한다. 그는 기업 사다리의 제일 아래 단계인 창고 관리인으로 일한다. 상사가 그를 현장 감독으로 승진시키려 무던히 애쓰지만 친구는 자기를 승진시키면 사직서를 제출하겠다고 엄포를 놓으면서 한사코 승진을 거절한다. 친구는 책임이 작은 단순한 일을 하면서 친구를 만나거나 단편소설을 쓰거나 작곡을 하는 등 스스로 삶을 즐길 수 있는 활동에 집중하고 싶어 한다. 친구의 방식이 옳다고 단정할 수는 없다. 그는 노동을 단순한 생계유지 수단으로 생각할 뿐이다. 이런 관점에서 생각하면 노동은 수입을 발생시킨다는 점에서만 가치를 지닌다. 하지만 사람과 노동의 관계가 전적으로 도구적이지는 않다. 우리가 여러 해에 걸쳐 그토록 많은 시간을 투입하는 노동은 인격을 형성하고, 사람 됨됨이를 표현하는 방식이다. 살아가면서 그렇게 많은 시간을 들인 활동이라면 어떤 의미로든 자신에게 중요해야 하지 않을까? 노동은 단순히 금전적 필요 이상을 충족시켜서 근본적으로 의미 있는 삶을 제공한다. 서로 다른 국가에서 실시한 대규모 조사에서, 대부분의 사람들은 평생 일하지 않고 살 수 있을 만한 돈이 있더라도 계속 일하겠다고 대답했다. 복권에 당첨된 사람들이 경제적 이유로는 그럴 필요가 없는데도 계속 일하는 것을 흔히 볼 수 있다. 이렇듯 노동은 단순히 수입의 원천에 머물지 않고 인간의 실존적 필요를 채워주는 것 같다. 그러므로 "모두가 게으르거나 아니면 게으르기를 바란다"(Johnson[1758]2003: 407)라는 사무엘 존슨Samuel Johnson의 말은 아마도 옳지 않을 것이다. 물론 평생 먹고살 만큼 경제적 여유가 있어서 이따금 일할 필요가 없으면 정말 좋겠다고 생각하는 사람이 거의 대부분이다. 그렇다면 대체 여생을 무엇으로 채워야 할까?

7

풍요로운 시대의 노동

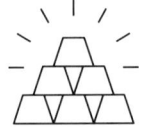

1930년 존 메이너드 케인스는 누구나 "두려움을 느끼면서 여가와 풍요의 시대를 고대한다."라고 썼다.([1930] 1963:358) 우리는 지금 그 '두려운' 시대에 살고 있다. 하지만 풍요의 시대와 여가의 시대는 같은 정도로 인식되지 않는다. 풍요가 여가보다 훨씬 큰 폭으로 증가해왔기 때문이다.

2차 세계대전 이후로 생산성의 수준은 놀랍게 증가해 사실상 두 배를 넘어섰다. 이는 원칙적으로 오늘날 생활수준이 50년 전과 같다면 노동량은 당시 근로자의 절반에 불과하다. 주어진 물질적 생활수준에 만족한다면 생산성 향상으로 여가가 더욱 많이 생겨난다는 뜻이다. 하지만 현대인은 생산성 증가로 더욱 많은 여가를 누리기보다는 생활수준을 높이는 쪽을 선택한다. 초기 사회의 관점에서 보면 우스꽝스럽게 부유해지고 있는 셈이다. 물질적 측면에서 현대인은 대부분의 이전 시대 사람들보다 잘 산다. 과거 시대의 왕과 왕비라도 현대인이 누리는 물질적 풍요를 부러워할 것이다. 물론 현대인은 일상생활이 그렇게 풍요롭다고 느끼지 않는다. 현재 생활수준을 당연하게 받아들이기 때문이다.

사람들의 우선순위는 시대마다 달랐다. 현대 초기나 그 이전 사람들은 임금이 늘어나면 노동량을 줄였다. 심지어 산업 시대에 들어서고 나서도 많은 근로자들이 임금을 받고 난 후 며칠 동안 결근하는 경우가 잦았다. '여분의 돈', 즉 기본 생필품 구매에 필요한 정도를 넘어서는 돈으로 물질적 부를 증가시키기보다는 노동시간을 줄였던 것이다. 하지만 그 후로 현대인의 우선순위는 변했다.

1950년대에 존 케네스 갤브레이스John Kenneth Galbraith가 '풍요로운 사회affluent society'라는 용어를 사용하기 시작했다.(Galbrath 1958) 사적인 자원은 풍부하고 공적인 자원은 빈약한 사회를 묘사하기 위해 다소 풍자적으로 사용한 용어였다. 갤브레이스는 사적 소비의 성장에 비판적인 태도를 취하면서 국가가 사회와 교육기관의 복지 향상을 위해 자원을 집중해야 한다고 주장했다. 또한 민간 부문에 대한 투자를 상당량 줄이는 동시에 공공 부문에 대한 투자를 늘려야 한다고 주장했다. 소비를 비판하는 견해는 고전적 작품인 『유한계급론The Theory of the Leisure Class』(1899)을 쓴

소스타인 베블런Thorstein Veblen을 따랐지만 두 견해에는 본질적인 차이가 있다. 베블렌은 매우 부유한 소수에게 미친 번영의 영향을 서술했지만, 갤브레이스는 대중의 번영이 특징인 사회를 서술했다. 비록 갤브레이스의 '처방'이 경제적으로 적절해 보이지는 않지만, 대중의 번영이 사회 구조에 엄청난 결과를 초래하리라는 주장은 상당히 정확했다.

'풍요로운 사회'는 현실이 되고 있어서 더 이상 과거처럼 풍자적 의미를 지니는 것 같지 않다. 전후前後 시대 미국의 정치와 문화에 대한 탁월한 연구 결과인 『풍요의 시대The Age of Abundance』(2007)에서 브링크 린제이Brink Lindsay가 지적했듯이, 이 시기의 가장 중요한 문화적 변화는 결핍에서 풍요로의 이동이었다. 오늘날 대부분의 서구인들은 생존을 위해 몸부림치기보다는 자기 정체성을 찾아 헤맨다. 정체성 추구의 본질적 요소는 바로 소비다. 풍요로운 시대의 근로자들은 더 이상 부르주아를 전복시키려 하지 않고 오히려 거기에 합류하려 한다. 더 이상 생산 수단의 통제를 열망하지 않고 자신의 소비 수단을 늘리는 데 열중한다.

이는 지연된 만족이라는 개념의 프로테스탄트 노동 윤리가 남긴 주요 현상이기도 하다. 프로테스탄트 윤리에 따르면, 먼저 열심히 일해서 씨를 뿌려야 하고 열매는 나중에 거둬야 한다. 세네트가 지적했듯이 새 자본주의의 단기 관점은 "자기수양 원칙으로서의 지연된 만족 개념을 무의미하게 만든다"는 것이다.(2006: 78) 지연된 만족에 의미를 부여했던 제도상의 조건은 이제 존재하지 않는다. 만약 노동 생활이 단기 관점에만 근거한다면 만족을 향한 기대감 또한 그럴 것이다. 현대인은 자신이 투입한 노동력에 즉각적으로 보상받기를 원한다.

지연된 만족의 개념이 더욱 의미를 지니는 것은, 현세가 아닌 내세의 개념을 포함한 종교적 배경에서다. 만족을 지연하다가 결국 힘들게 노동한 열매를 거두지 못할지도 모른다. 뿌려놓은 씨를 수확하지도 못하고 교통사고를 당할지도 모른다. 아니면 제임스 픽스James Fixx와 같은 운명을 맞이할 수도 있다. 픽스는 『달리기의 모든 것The Complete Book of Running』(1977)을 쓰고 조깅 바람을 일으킨 주인공이었지만 조깅을 하다가 갑작스러운 심장마비로 쉰두 살에 사망했다. 마지막에 가서 만족하게 될지는 결코 장담할 수 없다. 그렇다면 정확하게 얼마 동안이나 기다려야 할까?

펫숍보이즈Pet Shop Boys의 노래 〈조금 떨어져서To Step Aside〉에서 닐 테넌트Neil Tennant는 "오랫동안 노동하고 나서 이전과는 다른 종류의 운명을" 시장의 힘 덕택에 맞이할 수 있기를 기다리는 근로자들을 노래한다.(Tennant & Lowe 1996) 헝가리를 방문한 테넌트는 창문으로 그곳 근로자들을 내다보며 이런 가사를 썼다고 한다. 공산주의자와 마찬가지로 자본주의자에게도 지연된 만족이 절대적으로 필요한 개념이라는 점이 흥미롭다. 공산주의도 자본주의도 힘든 노동이 미래에 반드시 보상받으리라 약속했다. 자본주의가 더욱 발달하면서 만족의 지연 기간은 훨씬 짧아졌지만 기능 장애를 일으키는 공산주의 경제에서는 오히려 증가한 것으로 보인다.

두 세계의 차이가 분명하게 드러난 예를 살펴보자. 냉전이 한창이던 1959년 리처드 닉슨Richard Nixon 미국 부통령은 미국국가박람회US National Exhibition에 참석하기 위해 모스크바에 갔다가 소비에트 수상 니키타 흐루시초프Nikita Khrushchev를 방문했다. 당시 두 사람의 만남을 기록한 브링크 린제이는 『풍요의 시대』에 다음과 같은 닉슨의 주장을 실었다.

> 세계 최대 자본주의 국가인 미국은 부의 분배라는 관점에서 계급 없는 사회와 모두를 위한 번영이라는 이상에 가장 가깝게 다가섰다.
>
> (2007: 17)

닉슨은 병적인 거짓말쟁이였지만 이번에는 진실을 말했다. 모스크바에서 개최된 박람회 장소의 중앙에는 방 여섯 개짜리 목장 주택이 자리했다. 소비에트 언론은 그 주택을 '타지마할'이라 불렀다. 타지마할이 인도 생활을 대표하듯 미국 생활을 대표한다는 뜻이었다. 사실상 그 집의 가격은 1만 달러로 평범한 미국 철강 노동자가 30년 담보조건으로 구입할 수 있는 규모였다. 그때 이후로 미국의 번영 속도는 한층 증가했다.

마르크스는 자본주의에서의 노동자 계급은 가난을 면하지 못해 생활수준이 낮아지리라 예측했다. 이념에 눈이 먼 사람이 아니라면 누구라도 마르크스의 예측이 완전히 빗나갔다는 사실을 안다. 20세기 말과 21세기 초는 경제가 극도로 성장한 시기였다. 결과적으로 근로자와 자본주의자를 포함한 모두가 과거보다 훨씬 잘 살게 되었다. 하지만 성장의 혜택을 더욱 많이 입은 사람은 근로자가 아닌 자본주의자였다. 이익이 임금보다 더 빠른 속도로 불어났기 때문이다. 이는 근로자에게 돌아가는 상대적 몫이 감소하고 있다는 뜻이다. 이런 현상은 특히 '미숙련 근로자'들에게 뚜렷하게 나타나서 사업 소유주에 비해 상대적인 상실을 겪었다. 하지만 이들조차도 절대적인 수치로 따져볼 때 과거보다 훨씬 잘 살고 있다. 최근 수십 년 동안 실질 임금은 이전 상승률을 유지하지 못했다. 몇몇 국가에서는 정체되거나 심지어 약간 감소하기까지 했다. 하지만 생산성이 향상되거나 상품을 더 낮은 가격으로 수입할 수 있으므로 많은 상품의 가격이 하락하는 가운데 구매력은 증가했다.

여기서는 '가난한 사람'이 불변의 범주가 아니라는 사실에 주목해야 한다. 서구 국가에서 '가난한 사람'의 범주에 계속 머물러 있는 사람은 거의 없다. 미시간 대학교에서 실시한 '수입 역학에 대한 패널 조사 Panel Survey on Income Dynamics' 결과, 1975~1991년에는 조사 대상자의 0.5퍼센트만이 매년 소득 5분위 배율* 최하위층에 그대로 남았고, 1975년에 최하위층에 속했던 사람 가운데 1991년에도 같은 층을 벗어나지 못하고 있는 사람은 5.1퍼센트에 불과했다. 이와 비슷한 결과를 보여주는 연구는 상당하다. 따라서 서구인에게 빈곤은 주로 일시적인 현상이다.

폴리 토인비Polly Toynbee가 저임금 영국인의 삶을 서술한 『거세된 희망Hard Work』(2003), 바바라 에렌라이히Barbara Ehrenreich가 최저 임금을 받는 직업을 전전하고 나서 자기 경험을 기록한 『빈곤의 경제Nickel and Dimed』(2001) 등에는 빠져 있는 사실이다.

두 저자는 저임금 직업 세계를 체험하기 위해 각

---

* 소득계층을 20퍼센트씩 5등분한 것, 수치가 작을수록 수입 불균형 정도가 개선되고 있다는 뜻 - 역주

직군에서 며칠이나 몇 주만 일하다가 다시 직업을 바꿨기 때문이다. 참담한 상황에서 생활하는 사람들은 한번 최저 임금 직업에 종사하기 시작하면 웬만해서는 그 직업에서 헤어 나오지 못한다.

하지만 토인비와 에렌라이히가 언급했던 '직업'은 그다지 보편적이지 않다. 요즘에는 상당히 낮은 임금을 받는 직업에서 출발한 사람들 대부분이 경제 사다리를 매우 빠른 속도로 올라간다. 에렌라이히와 토인비가 저임금 직업으로의 '외유' 기간을 좀 더 연장했다면 아마도 수입이 상당히 빨리 증가했을 것이고, 두 저자가 전달하는 메시지는 달라졌을 것이다. 최저 임금은 매우 낮은 수준이고 여기에 의존한 생활은 고역이지만, 최저 임금을 받으며 일하는 미국인은 2퍼센트 미만이고 그것도 25세 이하가 반을 차지한다는 사실 또한 고려해야 한다.

그렇다고 최저 임금에 의존하는 생활이 매우 힘들지만 대개는 일시적 상황일 뿐이라고 강조하려는 것은 아니다. 소득분포에서 최하층을 차지하는 사람에게 지금까지와는 다른 그림을 제시해야 한다는 뜻이다. 지난 수십 년간 목격해온 사회 발전상을 우려하는 목소리가 있고 또 그럴만한 이유가 있다. 가난한 사람에게 돌아가는 수입의 증가 속도가 평균 수준의 부를 소유한 사람보다 늦고 이미 부유한 사람들보다는 훨씬 늦다. 이런 현상이 가난한 사람들의 상대적인 부에 영향을 미친다. 허버트 스펜서Herbert Spencer는 일찍이 1882년에 이 문제를 진단했다.

> 부와 명예를 획득하기 위한 격렬한 투생에 뛰어들도록 직접적으로 강요당하지 않더라도 간접적으로는 강요당한다. 그 결과 생활수준이 올라가고 궁극적으로는 평균 지출이 늘어난다. 부분적으로는 개인적 기쁨을 누리기 위해서지만 좀 더 큰 이유로는 전시 효과 때문으로, 타인의 찬사를 받기 위해 호사스러운 취미를 사용해서 자신을 두드러지게 만든다. 그럴수록 많은 지출로 자신에게 이목을 집중시키려는 사람들이 대중의 관심을 얻기 위해 벌이는 경쟁은 더욱 치열해진다. 이런 경쟁은 조금씩 아래로 확산되어 상대적으로 적은 수단을 지닌 사람들조차 '고상해지기 위해' 집과 가구, 옷, 음식에 더 많은 돈을 써야 한다고 느끼고, 그러기 위해 필요한 수입을 더욱 늘리려면 더욱 열심히 일해야 한다고 생각한다.
>
> (Spencer 1891: 488~489)

문제는 많은 제품, 어떤 의미에서는 모든 제품이 포지션과 관계가 있다는 것이다, 따라서 한 제품의 유용성은 비슷한 유형의 다른 제품과의 비교에 의해 결정된다. DVD 플레이어를 새로 산 친구에게 블루레이 Blu-ray 플레이어를 보여주면, 친구가 산 DVD 플레이어의 가치는 떨어진다. 이와 마찬가지로 방 네 개짜리 아파트를 산 내게 친구가 방 다섯 개짜리 아파트를 보여주면 내 아파트의 가치가 떨어진다. 이렇듯 가치가 떨어지는 이유는 평가의 문맥이 바뀌기 때문이다. 비록 가난한 사람들이 상당한 물질적 부를 획득하더라도 상대적으로는 상실감을 느낄 수 있다. 타인의 물질적 부는 더욱 많이 늘어나서 더 높은 포지션상의 가치를 지닌 제품을 획득하기 때문이다. 제품은 사회적으로 암호화되어 있고 생필품의 종류는 사회적 맥락에 따라 결정된다. 애덤 스미스가 이 점을 매우 명쾌하게 설명했다.

> 내가 이해하는 필수품은, 생명을 유지하는 데 절대적으로 필요한 동시에 그것을 갖추지 못하면 바람직하지 못한 시민이 되는 상품이다. 해당 국가의 관습이 무엇이든 바람직한 시민에게도, 설사 가장 낮은 계층의 시민에게도 마찬가지다.
>
> (Smith[1776] 1981: 869~870)

필수품의 기준이 높아지기 때문에 사람들의 물질

적인 부가 증가하더라도 그 기준에 훨씬 뒤처지는 사람이 생겨날 수 있다.

지난 50년 간의 성장이 놀랍기는 하지만 어두운 전망이 등장하고 있다. 풍요로운 시대의 특징은 물가 하락과 임금 상승이다. 표준 경제 이론에 따르면 그래야만 한다. 생산성 증가로 재화와 서비스의 가격이 더욱 싸지기 때문에 사람들은 자신의 수입으로 더욱 많은 재화와 서비스를 구매할 수 있다. 그러면 고용을 자극하고 임금을 더욱 증가시켜 훨씬 더 많은 소비가 일어난다. 이는 원인과 결과의 긍정적 연결구조로서 현재까지는 훌륭하게 작용했다. 하지만 이런 단순한 모델이 진리라면 오늘날 우리 주변에서 볼 수 있는 현상이 일어나서는 안 된다. 빚더미에 앉는 근로자의 수가 점점 늘어나고 있다. 왜 그럴까? 물가가 내려가고 임금이 올라가면 원칙적으로는 빚을 지지 않고 오히려 저축할 수 있어야 한다. 오늘날 근로자의 빚이 계속 늘어나는 이유는 임금이 아니라 소비에 있다. 20년 전만 해도 수입의 10퍼센트를 저축했던 가구가 요즘에는 저축을 전혀 하지 못한다. 수입이 늘어나고 있지만 소비가 그보다 훨씬 빠르게 늘어나기 때문이다. 저축을 하지 않는 것과 빚을 지며 사는 것은 별개의 문제다. 오늘날의 주요 문제는 많은 사람들이 자기 소득수준에 넘치는 소비를 한다는 것이다. 이런 경향은 경제에 유익하고 일자리 창출에는 기여하지만 무한정 계속될 수는 없다. 최근에는 파산하는 인구의 수가 급증하고 있다.

풍요로운 사회는 소비 사회다. 이런 사실은 노동과 우리의 관계에 커다란 영향을 미친다. 소비 사회에서 현대인의 사회적 지위는 상품 생산 능력이 아닌 소비 능력에 따라 결정되기 때문이다. 사회 정체성 형성의 필수요소가 노동이 아닌 소비라는 주장이 계속 늘어나고 있다. 상당히 새로운 개념이다. 예를 들어 스미스와 마르크스의 글에서 이런 주제를 찾기는 어렵다. 마르크스의 정체성 형성 이론에 따르면, 생산적 노동은 인간 자아를 구성하므로 인간은 자신이 생산하는 상품 자체다. 하지만 소비 사회에서 인간은 자신이 소비하는 상품 자체다. 헤겔Hegel은 인간이 외부 물건에 자기 의지를 덧붙여 자신을 인식하는 것처럼 노동으로 자신을 표현하고, 소유물의 획득으로 그렇게 할 수 있다고 믿었다. 또한 외부 세제는 자기 인격이 팽창된 것이고, 물건을 구매하는 것은 외부 세계를 사용하는 형태의 하나라고 주장했다.(cf. Hegel[1821] 1986: §44ff.) 인간은 물건을 구매하는 행동을 통해 "이것이 바로 나다"라고 말한다.

베블렌이『유한계급론』(1899)에 썼듯이 인간은 '과시적 소비'로 자신을 나타낸다. 과시적 소비자는 자신의 사회적 지위를 나타내기 위해 돈을 '낭비'한다. 베블렌이 인용한 예에 따르면, 식사할 때는 철 식기가 더욱 실용적이지만 사람들은 은 식기를 선호한다. 더욱 명확한 예로는 소비 행동에서 브랜드가 차지하는 역할을 들 수 있지만 베블렌이 책을 쓸 당시에는 브랜드가 그다지 소비 시장에 큰 영향을 미치지는 않았다. 베블렌이 활동하던 시대와 현대를 가르는 중요한 차이점이 있다. 베블렌은 유일하게 과시적 소비활동을 하는 계층으로 경제 엘리트를 지적했지만 현대 소비주의에서는 가장 빈곤한 계층을 제외한 거의 모든 사람이 포함된다. 풍요로운 사회는 '훌륭한 시민'이 쇼핑을 통해 자신을 과시하려 혈안이 된 사회다. 소비의 향연에 온전히 참여할 수단이 없는 사람들은 동시대 문화를 이루는 의미 있는 부분으로부터 차단당한다. 현대인에게 가장 근본적 활동인 자아실현에 소비가 결정적으로 중요하다면, 가난한 사람은 현대의 문화 기준에 맞춰 생활하지 못할 것이다.

그렇다면 소비활동에 온전히 참여하는 나머지 사람들은 어떨까? 소비를 통해 자기 정체성을 갖추게 될까? 게오르그 짐멜Georg Simmel은 『돈의 철학The Philosophy of Money』(1900)에서 소비가 정체성 형성의 특권 영역이라 서술했다. 인간의 자아가 물건과의 상호작용으로 형성되기 때문이다. 그러려면 인간의 자기 개념은 물건과의 상징적 통합이 필요하다. 짐멜의 주장에 따르면 이런 통합은 사람들이 물건을 손수 생산할 때보다 구매할 때 훨씬 발생하기 어렵다. 물건과 소비자의 상징적 거리가 더욱 멀기 때문이다. 더 나아가 현대 사회에는 구매할 수 있는 물건의 양이 소비자를 압도할 만큼 엄청나기 때문에 통합이 더욱 어려워지고 있다고 그는 지적했다. 일반 소비자들은 살아가면서 물건과의 통합을 달성하지 못하기 때문에 그 결과, 물건이 소비자를 통제하는 경향이 나타난다.

사실상 매우 적극적으로 정체성을 형성하는 수단은 아니지만 소비에는 다른 장점이 있을 수 있다. 쇼핑 자체가 상당히 재미있는 활동일 수 있기 때문이다. 그러나 물건을 많이 소유할수록 이를 소비할 시간은 그만큼 줄어들고 결과적으로 중요성도 감소한다. 사실 '소유물의 축적' 개념으로 소비 사회를 묘사하는 것은 옳지 않을 수 있다. '소비'의 원래 의미는 '파괴하다' 또는 '삼켜버리다'이기 때문이다. 현대의 소비 유형은 이런 의미에 가까워져서 더 이상 상품을 대체하거나 축적하는 것이 아니라 끊임없이 새 물건으로 교체하는 것이다.

스미스는 소비가 "모든 생산의 유일한 목적이자 끝"이라고 주장했지만 뜻밖에도 소비에 대해서는 거의 언급하지 않았다. 하지만 한 가지 점에서는 매우 정확했다.

> 부자들이 소비하는 음식은 가난한 사람보다 많지 않다. 질이 매우 다르고 음식을 선택하고 준비하는 과정에 좀 더 많은 노력과 기술이 필요할 수는 있지만 양은 거의 같다. 하지만 부자들의 넓은 집과 커다란 옷장, 가난한 사람들의 오두막집과 그나마 몇 벌 안 되는 누더기 옷을 비교해보면, 두 집단의 의복, 주거환경, 가구가 질만큼이나 양에서도 차이가 크다는 사실을 알 수 있다. 인간의 식욕은 위장 크기 때문에 한계가 있다. 하지만 건물, 의복, 일상 필수품, 기구를 비롯한 편리한 물건과 장식품을 향한 욕구에는 한계도, 일정한 경계도 없다. 그러므로 소비할 수 있는 양보다 많은 음식을 소유한 사람들은 늘 잉여 음식을 그 가격만큼의 다른 만족과 교환하고 싶어 한다. 이렇듯 제한된 욕구를 충족하고 남은 물질을 충족되지 않은 욕구를 만족시키기 위해 사용하는 과정은 끝없이 반복된다.
>
> ([1776] 1981: 180~181)

스미스는 장 보드리야르Jean Baudrillard와 지그문트 바우만Zygmunt Bauman 같은 사회학자가 제시한 최근의 소비 이론의 핵심을 지적했다. 소비는 필요의 지배를 받으면 제한되지만. 욕구의 지배를 받으면 무한하다. 현대인은 목적을 이룰 수 없기 때문에 결코 만족하지 못한다. 영국의 팝 그룹 더더The The가 부른 가사처럼 우리는 "그저 만족할 줄 모르는 욕구를 가진 또 한 명의 서구인일 뿐이다."(〈Slow Train to Dawn〉, Johnson 1986)

인간이 소비로만 이루어지는 삶에 만족하지 못하기 때문에 노동은 여전히 인간에게 의미와 정체성을 제공하는 중요한 역할을 담당한다. 생산자 중심의 사회가 소비자 중심의 사회로 대체되고 있다는 주장은 어느 정도 옳은 말이다. 하지만 어디까지나 예외는 존재한다. 변화는 그렇게 크지 않아서 소비가 정체성의 원천으로 노동을 대신하기보다는 노동과 현대인의 관계를 변화시키고 있다.

소비 영역을 지배하는 기준은 전통 노동 윤리를 대체할 정도까지 현대인의 노동 기대치를 형성한다. 최근 몇 년 동안 노동관이 가파르고 급격하게 변화한 것도 주로 이런 이유 때문이다. 니체는 『중요한 지식The Gay Science』에서 이렇게 썼다.

> 거의 모든 문명국가에서 국민은 임금 획득을 목적으로 노동할 수 있는 곳을 구한다. 그들에게 노

동은 자체로 목적이 아니라 수단에 그친다. 따라서 풍부한 보수를 받기만 한다면, 고상한 태도로 노동을 선택하지 않는다. 즐거움을 누리지 못하며 노동하느니 차라리 죽음을 선택하겠다는 사람은 찾아보기 힘들다. 그렇게 선택할 수 있는 사람은 까다롭고, 만족시키기 어려운 데다가 노동 자체가 보상으로 적용하지 못하면 아무리 풍부한 보수라도 마다한다.

([1882] 2001: 142])

니체가 고상한 정신이라 칭찬했던 노동관이 현대에 들어서면서 보편화되고 있다. 현대 노동 인구는 노동에 대해 과거 세대와 다른 기대를 품는다. 현대인은 자발적이면서 자기 정체성을 형성하고 확인해줄 의미 있는 직업을 요구한다. 노동과 소비는 서로 다른 영역이지만 기본적으로 자아실현을 추구한다. 현대인은 대부분 과거보다 신속하게 직업을 선택했다가 그만두는 등 직업을 '쇼핑'한다. 다시 말해 직업을 '소비'한다고도 말할 수 있다. 현대인은 만족스럽지 못한 소비재를 버리듯 직업에 대해서도 그렇게 행동한다. 구두나 텔레비전을 새로 구매할 때는 머지않아 다른 제품으로 대체하리라는 사실을 알고 있다. 직업에도 같은 원칙이 적용된다. 우리는 새 직업에 종사하기 시작하면서 머지않아 그 일을 그만두고 다른 직업을 찾아 나서리라는 사실을 알고 있다.

아버지가 직장 생활을 시작했을 당시에는 회사에 충성한 직원에게 회사도 충성하리라는 것이 보편적인 견해였다. 하지만 오늘날 그렇게 믿는 사람은 거의 없다. 노동은 더 이상 결혼과 같지 않다. (현재 이혼율을 보면 그다지 오래 지속되지 못한다는 점에서는 노동이 결혼과 다르지 않다는 주장이 있을 수도 있다.) 바우만은 "노동을 토대로 평생의 정체성을 구축하겠다는 기대는 (최소한 오늘날 매우 숙련된 기술을 구사하면서 많은 특전을 누리는 전문 직종을 제외하고) 사라지고 묻혔다"라고 썼다.(2004:27) 바우만은 평생 고용 개념의 종말이 사람들의 뜻을 거스른 결과라고 추측했다. 이런 추측에는 '좋았던 옛 시절'을 향한 그리움을 넘어서는 무언가가 담겨 있다. 그는 현대 노동 시장에 속한 근로자가 평생 고용을 원하지 않을 수 있다는 가능성을 간과했다. 오늘날 대개 직원의 반수는 입사한 지 5년 이내에 퇴사하고 회사는 직원 적정수를 유지하려고 씨름하고 있다. 직원들의 이직 사유는 대부분 회사가 강요해서가 아니라 이직하면 어떻게든 더 큰 보상을 얻으리라 생각하고 스스로 선택하기 때문이다.

현대인의 경향은 애니메이션 시리즈 〈동물 인터뷰Creature Comforts〉에 등장하는 맹인 안내견 피클즈

Pickles의 논리에 잘 드러나 있다.

> 즐기지 않는 일을 매일 반복하면 네 삶은 영락없이 비참해질 거야. 게다가 어째서 즐기지 않는 일을 당장 그만두고 즐거운 일을 시작하지 않는지 도통 알 수가 없어. 네가 굉장히 오래 살지도 못할 테니까 당연히 인생을 즐겨야. 일할 때는 일을 즐겨야 한다니까. 나는 내가 하는 일을 정말 좋아해. 조금이라도 즐겁지 않은 일을 하고 있다면 당장 그만두고 정말 즐길 수 있는 일을 시작했을 거야. 신심으로 인생을 즐기고 싶거든.
>
> (Aardman Animations & Parks 2003)

여기에는 '자기 일을 즐겨야 한다. 지구상에서 보내게 될 얼마 되지 않는 시간을 일이 너무나 많이 차지하기 때문이다'라는 주장이 담겨 있다. 하지만 '현재 직업보다 더 즐겁고 보람 있는 직업이 있지 않을까?'라는 의문이 이내 떠오른다. 의문 끝에 다시 찾아나선 직업에도 실망하고 마는 것이 문제다. 새로 찾은 직업에 다시 실망하고 다른 직업을 찾는 과정을 반복한다.

이는 암울한 상황이다. 그렇다면 이런 상황은 사실일까? 어느 정도 사실이라 생각한다. 직업 만족도를 조사한 연구에서 사람들은 자기 직업에 계속 불만을 품지는 않는다고 밝혀졌다. 서구 세계에서 직업 만족도는 꾸준히 높았고 수십 년 동안 줄곧 그래왔다. 직원의 80~90퍼센트는 직업에 완전히 만족하거나 대부분 만족한다고 대답한다. 물론 나이가 적은 근로자와 나이가 많은 근로자 사이에 약간의 변화가 있기는 하다. 과거와 비교해볼 때 나이가 적은 근로자의 직업 만족도는 약간 증가했고, 나이가 많은 근로자의 경우에는 약간 감소했지만 전체적인 수치는 같았다. 풀타임 근로자와 파트타임 근로자 모두 자기 직업에 만족한다. 따라서 사람들은 일반적으로 자기 직업을 좋아하지만 임원의 이직률은 해마다 증가하고 있다. 임원들은 자기 직업에 그다지 만족하지 않기 때문에 오랫동안 같은 직업을 유지할 생각이 없다. 불과 20년 전의 평균 근로자와 비교해봐도 그렇다. 사람들은 좀 더 낫거나 성취감을 더 많이 느낄 수 있거나 평판이 좋은 직업을 끊임없이 찾는다. 아니면 그저 변화를 원해서 새 직업을 찾기도 한다.

현대인은 여전히 노동이 삶의 의미와 정체성을 부여하는 중요한 원천이라 믿는다. 환경이 풍요로워도 실존적인 이유 때문에 일해야 한다. 소비만으로는 실존적 필요를 채울 수 없다. 만약 일부 사람들이 주장하듯 노동의 종말이 찾아온다면 무엇을 해야 할까?

8

노동과 세계화

노동과 세계화

오슬로에 있는 내 아파트를 둘러보면 노르웨이 심지어 유럽연합에서 생산한 물건들이 매우 적다는 사실을 깨닫는다. 아파트가 세워진 1924년 당시 주인들은 노르웨이산이거나 적어도 스칸디나비아산인 가구, 주방용품, 램프, 옷 등을 사용했을 공산이 크다. 또 대개 노르웨이에서 생산한 식품을 섭취했을 것이다. 하지만 거의 한 세기가 흐른 지금, 이 아파트에는 노르웨이나 인근 국가에서 생산한 물건이 거의 없다. 냉장고에 들어찬 식품에는 노르웨이산이 많지만, 이탈리아산 파마산 치즈와 태국산 간장처럼 수입 식품도 상당량 눈에 띈다. 벽에 걸린 그림 일부는 노르웨이에서 건너왔다. 좀 더 비싼 가구는 이탈리아에서 제작되었고, 좀 더 비싼 옷과 신발은 이탈리아나 영국에서 만들어졌다. 이외 물건은 대부분 아시아에서 생산되었다. 심지어 내게 있는 노르웨이의 고급 앰프 브랜드인 헤겔Hegel의 제품도 사실 중국에서 제조되었다.

따라서 내 아파트에는 내가 고소득 국가에 살고 있다는 명백한 사실을 제외하고는 주인의 국적을 나타내는 표시를 거의 찾아볼 수 없다. 이런 의미에서 내 아파트는 분명 세계화의 산물이다.

이미 1960년대 마샬 맥루한Marshall McLuhan은 "지구촌Global Village"이라는 용어를 만들었다. 그러면서 지구촌에서는 모든 것이 녹아 들어 하나가 되리라 믿었다. 이 지구가 하나의 지구촌이라면 부유한 이웃과 가난한 이웃이 함께 살아가야 할 것이다. 내 아파트를 채우고 있는 물건들은 대부분 지구 반대편에서 생산되지만, 정작 그곳에 살면서 이러한 물건들을 구매할 수 있는 사람은 거의 없다. 하지만 세계화 과정 자체가 이러한 격차를 좁혀갈 것이다. 예측 가능한 미래에도 부유한 국가와 가난한 국가가 존재하겠지만, 국가 간 불평등은 지속해서 감소할 것이다.

세계화는 매우 정확하게 정의하기 힘들다고 정평이 나 있는 용어지만, 사람과 조직, 국가 사이의 경계와 장벽이 줄어드는 현상을 가리킨다는 개념은 논란의 여지가 없다. 세계화는 다양한 현상을 아우르는 일반적인 용어이며, 경제·정치·문화 세계화는 반드시 같은 속도로 같은 경로로 진행하지는 않는다.

두 차례의 세계대전으로 중단되기는 했지만, 세계화에는 커다란 물결이 두 차례 일었다. 1차 물결은 산업혁명에서 시작해 1차 세계대전 전까지 이어졌고, 2차 물결은 2차 세계대전 이후인 1947년 GATT 협정 체결에서 시작해 1995년 세계무역기구의 설립으로 이어졌다.

1차 물결과 2차 물결의 주요 차이점은 국제 이주의 영향력이 2차 물결에서 훨씬 축소됐다는 것이다. 전 세계적으로 자본이 거의 제한 없이 이동할 수 있게 되었지만, 노동자의 이동 자유가 상당히 제한됐기 때문이다.

세계화는 선진국에도 개발도상국에도 온갖 종류의 문제를 초래한다는 격렬한 비판을 받고 있으며, 특히 다국적 기업은 이런 비판에서 악역으로 등장한다. 세계화 반대자들은 일반적으로 세계화가 개발도상국에서는 노동 조건을 악화시키고, 선진국에서는 임금을 낮추면서 실업률을 높인다고 주장한다. 일부 반대자들은 근무 조건이 우월한 국가가 노동 조건이 열악한 국가와 경쟁해서 패배하리라고 우려한다. 그러면 더 높은 노동 기준을 갖춘 국가들이 경쟁력을 높이려 하므로 노동 조건이 악화되는 사태가 발생한다. 세계화의 영향을 둘러싸고 현재 거론되는 우려는 대부분 1차 물결에도 존재했으며, 지금과 마찬가지로 당시에도 이런 우려는 일반적으로 틀렸다. 앞으로 살펴보겠지만 세계화가 진행되면 아마 개발도상국에서 노동 조건은 개선될 것이다. 물론 실업률이 증가할 수 있겠지만, 이러한 영향은 현재 자동화가 일자리 감소에 미치는 영향에 비교한다면 상대적으로 작다. 유럽에서 오프쇼어링offshoring* 때문에 발생하는 일자리 손실은 전체의 약 5퍼센트에 해당하고, 미국에서 이 수치는 1~2퍼센트로 낮다.(Huwart and Verdier 2013, p. 93) 일자리 손실의 주요 원인은 기술혁신과 파산이다. 세계화의 결과로 선진국에서 임금이 감소했다는 증거는 거의 없다. 이론대로라면 오프쇼어링은 실질 임금을 일자리 수입국에서 증가시키고, 일자리 수출국에서는 감소시켜야 한다. 많은 선진국에서 실질 임금은 수십 년 동안 증가하지 않았다. 실제로 미국과 같은 국가를 보더라도 생산성은 증가하는 반면에 실질 임금은 감소세이다. 하지만 세계화가 이런 현상의 주요 원인인 것 같지 않다. 선진국에서 발생하는 노동 조건 하락에 관해서는, 이러한 현상이 일어나지 않았으며 직업 만족도가 최소한 예전만큼 높다는 증거가 풍부하다.

오래된 경제 이론인 헥셔오린Hecksher-Ohlin 이론에 따르면, 노동 조건은 시간이 지나며 세계화 세계 전체로 수렴할 것이다. 해당 이론은 데이비드 리카르도

---

* 기업이 비용을 절감하고 효율성을 향상하기 위해 생산시설을 해외로 이전하는 전략 - 역주

David Ricardo가 『정치 경제와 조세의 원리에 관하여On the Principles of Political Economy and Taxation(1817)』에서 제시한 비교 우위 이론을 뼈대로 정립되었지만, 이 책에서 해당 이론을 자세히 설명하지는 않을 것이다. 헥셔 오린 이론에서 세계화 경제는 다른 국가보다 저렴하게 생산할 수 있는 상품과 서비스를 전문적으로 생산하는 국가들을 중심으로 돌아간다. A 국가가 B 국가보다 쌀을 더 싸게 생산할 수 있고, B 국가가 A 국가보다 직물을 더 싸게 생산할 수 있다 치자. 우리는 A 국가가 쌀을 수출하고 직물을 수입하는 반면에 B 국가가 직물을 수출하고 쌀을 수입하리라 예측할 것이다. 비슷한 원리가 임금과 노동 조건에도 적용된다. A 국가에 노동자가 풍부하고 B 국가에 땅이 풍부하다면, A 국가에는 임금이 낮고 B 국가에는 땅이 저렴할 것이다. 그렇다면 A 국가 노동자들은 임금이 더 높은 B 국가로 이주하리라 예측할 수 있다. 물론 이러한 예측에는 A 국가 노동자들이 B 국가로 입국할 수 있다는 조건이 전제되어야 한다. 그러면 임금은 A 국가에서 상승하고, B 국가에서 하락할 것이다. 노동 조건도 마찬가지다. 만일 B 국가의 노동 조건이 A 국가보다 좋다면, 노동자는 A 국가에서 B 국가로 이주할 것이고, A 국가는 노동 조건을 개선하라는 압박을 받을 것이다. 따라서 이주 제한이 없는 세계화 세계에서는 임금 수준과 노동 조건의 차이가 줄어들고, 장기적으로는 두 차이가 완전히 사라져야 한다. 여기서 제로섬 게임을 의미하지 않는다는 사실을 덧붙여야겠다. 한 국가가 세계화 시장에서 비교 우위를 활용하면, 일반적으로 생산성이 향상할 것이고, 뒤이어 임금이 증가하고 노동 조건이 향상할 것이다.

명백한 이유들 때문에, 무엇보다 이주 제한이 명백히 존재하기 때문에 이러한 이론을 직접적으로 시험할 수는 없다. 가장 근접한 시험은 세계화에 좀 더 개방적인 입장을 견지하는 국가들을 대상으로 임금 수준과 노동 조건이 향상했는지 악화했는지 살펴보는 것이다. 임금, 노동 조건, 노동시간, 안전, 직장 관련 건강 문제 등을 검토해보면 현재 세계화 물결이 진행하는 동안 노동 조건이 대체로 악화되지 않았다는 증거가 분명히 존재한다.(cf. Flanagan 2006) 게다가 증거는 여기에 그치지 않는다. 일반적으로 노동 조건은 세계화 진행 정도가 큰 국가일수록 훨씬 양호하다. 개발도상국에서 외국 기업이 현지 기업을 인수하면 대개 임금은 상당히 상승한다. 물론 항상 그런 것은 아니지만 노동 조건도 개선된다. 지난 수십 년 동안 세계 빈곤이 많이 감소한 현상은 일반적으로 세계화가 최빈곤 계층에 이익을 안기고 있다는 증거이다. 불평등은 어떨까? 불평등은 두 가지 경향을 보여서, 국가

내 불평등은 증가하는 반면에 국가 간 불평등은 감소하고 있다. 우리의 주요 관심사가 세계적 평등의 증진이라면, 해결책은 세계화를 줄이는 것이 아니라 세계화와 국가 간 이주 규모를 확대하는 것이다.

세계화가 대부분 유익한 것처럼 보이지만 특히 선진국의 중저숙련 노동자들 사이에서 실패자들을 만들어낸다. 헥셔오린 이론을 기반으로 정립된 스톨퍼사무엘슨Stolper-Samuelson 법칙이 이런 현상을 예측하고 있다. 이 모델에 따르면, 선진국에서는 고숙련 제품을 수출하고 저숙련 제품을 수입하는 현상이 나타나면서 저숙련 노동자들의 임금을 압박할 것이다. 이런 영향이 관찰될 수 있지만, 전문가들은 대개 자동화의 영향과 비교할 때 크지 않다고 생각한다는 점에 주목해야 한다.

또 다국적 기업의 역할을 과장하는 경향이 존재한다. 물론 다국적 기업의 역할이 중요하기는 하지만 다국적 기업이 고용하는 노동자 수는 전 세계 노동자의 10퍼센트 미만이다.(Flanagan 2006: ch. 6) 다국적 기업이 더 높은 임금을 지급한다는 증거는 확실히 있지만, 노동 조건이 일반적으로 더 나은지 나쁜지를 입증하는 체계적인 증거는 없다. 다국적 기업이 특히 비정부기구NGO의 감시를 받는다는 점을 고려할 때, 이러한 기업이 대부분 사적인 동기에서 더 나은 노동 조건을 제공하리라고 가정하는 것은 무리가 아니다.

세계화는 불확실성을 낳는다. 일자리가 전 세계 다른 국가로 이전될 수 있기 때문이다. 국가마다 임금, 노동 기준, 일자리 가용성에 차이가 있는 한, 노동자가 다른 국가로 이동하고, 기업이 다른 국가로 생산을 옮길 동기가 존재한다. 해외로 이전하는 일자리의 종류를 추적해보면 사뭇 놀라울 때가 있다. 노르웨이 출판사는 오래된 판본의 책을 스캔한 후에 인도에 교정을 의뢰한다. 교정자가 노르웨이어를 전혀 몰라서 단어를 사전을 뒤져 하나하나 찾아야 하는데도 노르웨이인 교정자보다 인건비가 훨씬 싸기 때문이다. 선진국 노동 시장은 전 세계적인 경쟁에 적응해야 한다. 다른 국가가 상품과 서비스를 더 낮은 가격으로 생산할 수 있기 때문이다. 개발도상국도 다른 개발도상국과 경쟁해야 하기는 마찬가지다. 한 개발도상국에서 임금이 상승하면 다른 국가의 임금이 더 낮아지므로 해당 국가 노동자는 일자리를 상실한 위험에 처한다. 선진국 노동자는 값싼 개발도상국 노동력에 밀려 실직하고, 더 많은 생산이 해외로 이전될 것이다. 그러면 개발도상국에서 임금이 상승하면서 그곳으로 생산을 이전하는 전략이 유발하는 매력이 줄어든다. 선진국 처지에서 생각할 때, 개발도상국의 임금은 해외 생산이 더는 매력적이지 않을 정도까지 상승할 수 있다.

따라서 좀 더 최근에는 생산을 선진국으로 다시 이전하는 "국내 복귀reshoring" 추세가 생겨나고 있다. 하지만 이런 추세를 지나치게 과대평가해서는 안 된다. 애당초 해외로 이전된 일자리를 모두 되돌릴 수는 없기 때문이다.

세계화 추세로 선진국은 계속 일자리를 빼앗길 것이다. 하지만 중요한 것은 사라지는 일자리의 수가 아니라 새로운 일자리의 창출이다. 전체 고용이 증가했을 수 있다는 말도 나올 수 있지만, 생산이 해외로 이전되면서 다른 곳에서 고용이 증가한 것이다. 예를 들어 아시아에서는 고용이 증가할 수 있지만, 선진국에서는 감소할 수 있다. 실제로 오프쇼어링은 종종 국내 직원 수의 증가로 이어진다. 이러한 현상은 특히 IT 분야에서 명확하게 문서로 입증된다. 경제학자인 나리만 베라베시Nariman Behravesh와 노벨상 수상 경제학자인 로렌스 클라인Lawrence Klein은 오프쇼어링 때문에 미국에서 고용이 증가하고, 노동자의 실질 임금이 상승했다는 결론을 내렸다.(Behravesh 2005) 기업들은 일부 서비스를 해외로 이전함으로써 사세를 확장하고 더 많은 직원을 고용할 수 있는 자원을 확보한다. 예를 들어 델타항공은 2003년 콜센터 일자리 1,000개를 인도로 오프쇼어링해서 2,500만 달러를 절약했고, 그 덕택에 미국 국내에서 영업사원 1,200명을 고용할 수 있었다. 일반적으로 세계화는 일자리를 파괴하기보다는 창출하는 것으로 보인다. 그렇다고 해서 우리가 패배자들, 즉 세계 다른 지역의 임금이 훨씬 싼 경우에 "자국에서" 유지하기 어려운 종류의 일자리에 종사하는 노동자들을 향해 눈을 감아서는 안 된다.

지금까지 일자리는 대부분 아시아 특히 중국과 인도로 이전되고 있지만, 아프리카로도 많은 일자리가 이전되고 있다. 그렇다면 이러한 아웃소싱과 오프쇼어링은 일자리 손실을 어느 정도까지 초래할까? 1970년부터 2003년까지 G7 국가에서 섬유 산업에 종사하는 노동력은 60퍼센트 감소했다.(Huwart and Verdier 2013) 의류 생산 비용과 관련해 서구 기업들이 중국 기업들과 경쟁할 방법은 없었다. 따라서 서구 기업들은 기술과 디자인에 집중하는 방향으로 사업 모델을 바꿔야 했다. 가전제품과 장난감 등에서도 비슷한 발달상이 발생했다.

선진국에서는 제조업 감소가 특별히 큰 문제가 아닐 수 있다. OECD 국가에서 금융위기 이전 몇 년을 돌아보면, 제조업에서 사라진 일자리보다 서비스업에서 새로 창출된 일자리가 더 많았다. 해외로 이전된 것은 대부분 노동집약적 저숙련 일자리였다. 이러한 일자리에서 절감한 비용은 새 일자리를 창출하는 데 투자되었다. 대부분 제조업이 1960년대부터 저임금 국가로 이전됐기 때문에, 좀 더 최근 들어 오프쇼어링이 가장 크게 성장한 분야는 서비스업이었다. 선진국에서 제조업 일자리는 더는 감소하지 않는 것 같다. 특히 연결성이 극심하게 증가하면서 이제는 서비스업 일자리를 놓고 세계적인 경쟁이 벌어지고 있다.

지금까지 우리는 노동자의 이동이 아니라 노동의 이동에 주로 초점을 맞췄다. 이미 지적했듯 2차 세계화 물결에서 노동의 이동이 담당한 역할은 1차 때보다 훨씬 더 작았다. 오늘날 전 세계적으로 2억 3,000~2억 4,000명의 국제 이주민이 있고, 이들 중 상당수는 일자리가 있거나 일자리를 찾고 있다. 하지만 국제 이주민들은 전 세계 인구에서 상대적으로 작은 비중을 차지하므로, 세계 노동력에서 차지하는 비중도 상대적으로 작다. 일부 이주자들은 일시적인 노동력 부족을 메우는 계절 노동자지만, 외국에 영구적으로 거주하는 이주자들도 있다. OECD가 이주 국가 89개국, 이주자 1억 1,000만 명을 대상으로 실시한 연구에 따르면, 이주자의 43퍼센트는 저숙련 노동자, 35퍼센트는 중간 숙련 노동자, 21.5퍼센트는 고숙련 노동자이다.(Dumont, Spielvogel and Widmaier 2010) 이주자들은 중간 숙련 일자리나 고숙련 일자리보다는 저숙련 일자리에 종사하는 경향이 있으므로, 종종 자기 일자리에 비해 과잉 자격을 갖추고 있는 경우가 많다. 이주민이 종사하는 저숙련 일자리의 비율은 증가하고 있다. 1997년 영국에서 이주자들은 저숙련 일자리의 7퍼센트를 차지했지만, 2014년 해당 비율은 16퍼센트로 증가했다.(이민자문위원회 2014) 이주자들은 노동 시장의 유연성에 기여한다. 일반적으로 좀 더 기꺼이 근무지를 바꾸고 교대 근무를 하기 때문이다. 그들은 현지 임금 수준에 상대적으로 영향을 거의 미치지 않는 것으로 보인다. 경제적인 관점에서 볼 때, 오늘날 국제 이주에 대한 규제가 매우 엄격한 것은 놀라운 현상이다. 이민자를 받아들이는 것이 국가에 이익이라는 개념에 거의 모든 경제학자가 동의하기 때문이다. 이민자들은 노동력 공급을 늘리고, 경제 규모를 확대한다. 물론 이것은 일반적인 주장으로 예외가 많기는 하다. 이민의 경제적 이익은 이민자의 종류와 교육수준 등에 따라 달라질 수 있기 때문이다.

다른 국가 종종 다른 시간대에 거주하는 동료들과 관계를 맺는 사람들이 점점 더 많아져야 한다. 하지만 사람들은 대부분 일상에서 세계화의 영향을 그다지 느끼지 못하면서 업무를 수행한다. 아마 세계화는 사람들에게 노동자로서보다 소비자로서 더 큰 영향을 미칠 것이다. 그렇다고 해서 일자리가 해외로 이전되면서 사람들이 일자리를 잃는 현상에 관해 세계화가 부정적인 방식으로 느껴지지 않는다고 말하는 것은 아니다.

현재 선진국에서는 비서와 관리자처럼 임금과 기술이 중간 수준인 일자리가 가장 큰 위기에 놓여 있다. 이들이 처한 위기는 세계화보다 자동화 때문에 더 크다. 일자리가 중대한 위협을 받을 때, 선진국에서 "노동의 종말"이 시작되고 있을 때, 우리는 세계화가 아니라 진행 중인 기술 변화에서 해답을 찾아야 한다.

노동과 종말

고향인 모스를 떠난 지 거의 20년이 지났지만 나는 여전히 그곳에 사는 가족을 자주 찾아간다. 모스는 지난 수십 년 동안 중대한 변화를 겪었다. 일과가 끝나고 공장을 나서는 근로자의 수가 눈에 띄게 줄었다. 조선소를 떠나는 대형 유조선의 수도 늘지 않았고, 유리 공장과 콘크리트 공장은 문을 닫았다. 모스에서만 특별히 맡을 수 있었던 냄새의 근원지인 제지공장은 여전히 가동하고 있지만, 이를 제외하고는 과거 산업도시에 존재했던 산업체는 거의 사라졌다. 산업이 작동하지 않는 작은 산업도시에서 벌어지는 대량 실직의 전주곡 같은 이야기다. 사실상 모스에는 실직이 거의 없다. 공장이 문을 닫은 이후로 오랜 시간 동안 그랬다. 새 직업이 생겨나기는 했으나 대부분 과거 직업을 대체하는 정도였다. 오늘날 모스는 어찌 보면 커다란 쇼핑몰 같다. 내가 공장을 포함한 옛날 산업에 대한 향수를 느끼기는 해도, 산업사회에서 탈산업사회로의 이동은 꽤나 쉽사리 이루어진 것처럼 보인다.

모스는 현대 예술 페스티벌을 주최했고, 몇 년 전에는 쇠락하는 산업도시에서 페스티벌이 열린다는 소식을 들은 예술가들이, 낮 동안 할 일이 없는 불쌍한 실직자들을 위한 시설을 만들어주고 싶어 했다. 그렇게 '실직자를 위한 영화관Cinema for the Unemployed'을 세우고 할리우드에서 제작한 재난 영화 몇 편을 상영했다. 흥미롭게도 실직자가 실직보다 훨씬 불행한 일을 당할 수도 있다는 내용의 영화였다. 설치를 구상했던 예술가가 영화관 홍보용 카탈로그에 글을 써달라고 내게 부탁했다. 나는 영화 관람객이 거의 없으리라 예측했지만 어쨌거나 짧은 글을 써주었다. 나의 예측은 정확하게 들어맞았다. 영화를 상영하는 3주 동안 관람객은 다섯 손가락으로 꼽을 정도였다. 대체 사람들은 어디 있었을까? 그들은 직장에 있었다. 모스에는 실직자가 거의 없었기 때문이다. 이런 면에서는 모스도 여느 도시와 다르지 않다. 설사 아웃소싱과 노동력 절약 기술로 직업이 사라지더라도 새 직업이 더욱 많이 생겨나는 것은 서구 세계의 전반적인 경향이다.

이 책을 쓰고 있던 2015년 8월 OECD 국가의 실업률은 평균 7.3퍼센트이고, 유럽연합 지역의 실업률은 11.5퍼센트였다. 실업률은 특정 국가에서 매우 높아서, 현재 스페인은 24.2퍼센트이고, 그리스는 26.2

퍼센트이다. 역사적 관점으로 보더라도 현재 실업률은 상당히 높다. 하지만 일부 추정치에서 1850년 런던의 실업률은 40퍼센트에 달했으므로, '좋은' 옛 시절에 대한 향수에 거스른다. 10년 전과 반대로 오늘날 실직자가 그토록 많은 주요 이유는 금융위기 때문이다. 게다가 청년 특히 남유럽 청년들이 받는 타격은 매우 크다. 현재 청년 실업률은 그리스가 58.3퍼센트이고 스페인이 55.5퍼센트이다. 금융위기가 고개를 숙이면 아마 실업률은 다시 떨어지겠지만 언제 얼마나 빨리 떨어질지는 정확히 예측할 수 없다. 일자리 창출은 현재 미국과 같은 국가에서 매우 강세를 보이지만, 이런 추세가 장기적으로 지속할지는 알 수 없다. 우리는 최근 실업률이 증가하는 원인이 아웃소싱과 기술혁신이 아니라는 점에도 주목해야 한다.

과거와 현재의 발달이 미래를 이끄는 길잡이라면 걱정할 이유가 없지만, 실질적으로 믿을 만한 길잡이가 아닐 가능성도 있다. 우리는 노동 분야 전체가 변화하는 초기 시점에 서 있기 때문이다. 이런 주장을 펼친 사람은 다름 아닌 제레미 리프킨Jeremy Rifkin이었다. 리프킨은 노동의 미래에 대해 우울한 전망을 내놓으면서 자신의 책에『노동의 종말The End of Work』(1995[2004])이란 제목을 붙였다. 리프킨에 따르면 컴퓨터의 등장으로 많은 직업이 사라질 것이다. 이런 주장은, 노동 자체가 점차 기계로 실행되면서 기계가 인간 노동력을 대체하게 되리라는 마르크스의 주장을 되풀이한 것이었다. 현대 기술로 인해 근로자의 작업이 더욱 기계적으로 바뀌면서 근로자를 기계로 대체하는 발판을 마련하고 있다. 마르크스는 이렇게 썼다.

> 따라서 우리는 특정 형태의 노동이 어떤 경로를 거쳐 근로자로부터 기계 형태의 자본으로 옮겨 가는지 직접적으로 알 수 있다. 이런 이동의 결과로 인간의 노동력은 가치를 상실한다. 그러므로 근로자는 기계를 상대로 투쟁하고 있다.
>
> (Braverman 1974: 278)

자본주의자들은 이런 대체 현상이 일어나기를 바란다. 기계의 비용 효율이 근로자보다 높을 뿐 아니라, 생산을 완벽하게 통제할 수 있는 권한을 줄 수 있기 때문이다. 헨리 포드Henry Ford가 《시카고 트리뷴Chicago Tribune》과의 인터뷰에서 "최소한 로봇 노동조합은 상대하지 않아도 되겠죠"라고 한 말은 마르크스의 예측을 뒷받침하는 듯하다. 기술이 발달하면 궁극적으로 근로자가 사라질 것이다. 마르크스는 여기서 모순을 보았다. 근로자를 없애면 소비자가 사라지므로 자본주의자들은 스스로 무덤을 파는 셈이다. 근로자가 사라지면 제품을 구매할 돈의 소유자가 없어지고 결국 자본주의가 최후를 맞이하기 때문이다. 물론 마르크스의 예측은 완전히 빗나가서 정확하게 반대 현상이 일어났다. 내 추측으로는 리프킨의 예측 또한 조금도 낫지 않다.

기술은 우리를 해방시키는 동시에 위협하는 양면성을 가지고 있다. 기술은 기계가 대신할 수 있는 노동으로부터 우리를 해방시킨다. 이는 근로자가 불필요하다는 뜻이기도 하다. 『사회주의에서의 인간 영혼 The Soul of Man Under Socialism』에서 오스카 와일드는 "자기 노동을 대신해줄 기제를 발명한 사람이 정작 자기 발명품 때문에 굶주리기 시작했다는 사실은 비극이다"라고 주장했다. 와일드는 기계가 설치되기가 무섭게 사람들이 일자리를 잃기 시작했다고 탄식하면서, 기계가 할 수 있는 종류의 일은 사람이 할 필요가 없는 일이라고도 주장했다.

> 무시무시한 사물을 다루고 불쾌한 상황에 개입해야 하는 지적이지 않고 단조롭고 따분한 노동에는 기계를 사용해야 한다. 기계를 석탄 광산에서 사람 대신 일하게 하고, 증기 기관차에 석탄을 때게 하고, 거리를 청소하게 하고, 비오는 날에도 뛰어가 메시지를 전달하게 하는 등 따분하고 재

미없는 일에는 무엇이든 기계를 사용해야 한다.

(Ibid.)

와일드는 이런 문제에 대한 해결책으로 사회주의를 제시했다. 공동체가 기계를 소유하고, 이로부터 획득한 이익은 특정 공장 소유주만이 아닌 공동체 전체에 돌아가야 한다. 만약 이런 세계에서 산다면 행복할까?

커트 보네거트^{Kurt Vonnegut}의 첫 소설 『자동 피아노^{Player Piano}』(1952)에 이런 세상을 묘사한 허구적 표현이 등장한다. 소설의 배경은 컴퓨터와 자동화가 모든 생산을 담당하는 미래 사회다. 모든 사람들은 일하지 않아도 생필품을 제공받지만, 노동하지 않는 세상을 어떻게 살아가야 할지 모르기 때문에 불행하다. 소설 속 세상에서는 관리자와 엔지니어를 비롯한 엘리트에게만 할 일과 삶의 목적의식이 있다. 주인공 폴 프로테우스^{Paul Proteus}는 '고스트셔트 소사이어티이^{Ghost Shirt Society}'라는 혁신 단체에 가입한 엔지니어다. 그 단체는 많은 기계를 파괴하지만 결국 주인공이 노동 없는 사회를 전복할 수 없다는 사실을 깨닫는 것으로 막을 내린다.

보네거트 소설에 등장하는 '고스트 셔트 소사이어티'는 네오러다이트^{neo-Luddite}*그룹이다. 원조 러다이트는 1811~1816년까지 몇 해 동안만 존재했다, 그들은 특히 섬유 산업 분야의 기계를 파괴하는 행동으로 산업혁명이 일으킨 변화에 맞서 싸웠다. 러다이트라는 명칭은 네드 러드$^{Ned\ Ludd}$라는 사람의 이름에서 유래했다. 러드는 1779년에 레스터셔 ^{Leicestershire}안에 있는 집에 침입해서 양말 짜는 기계 두 대를 부쉈던 인물이다. 이 사건이 발생하고 나서 기계, 특히 양말 짜는 기계가 파괴되는 사건이 터지면 사람들은 모두 러드 탓으로 돌렸다. 물리적으로 공격하지 않고 주로 언어를 사용한 공격이기는 했지만 러다이트 이후 세대는 모든 기술혁신을 맹렬하게 공격했다.

19세기 항의자의 이름에서 유래한 경제 오류인 러다이트 오류의 논리는, 노동 절약 기술로 노동 요구가 감소해서 결국 실직 증가로 이어졌다는 것이다. 이 개념은 이치에 맞는 것처럼 들리지만 실제로는 오류다. 노동 절약 기술로 제품 생산 비용이 감소하고 수요가 증가해서 근로자의 생산성 증가를 유도했기 때문이다. 노동 절약 기술이 실직을 유발했다는 러다이트의 생각이 옳다면, 지난 200여 년에 걸쳐 기술이 엄청나게 발달했으므로 오늘날 직업이 유지되기는 어려웠을 것이다. 자동화가 실직을 유발하지 않는 이유가

---

* 첨단기술의 수용을 거부하는 반기계 운동 - 역주

노동시간의 현저한 감소 때문이라는 주장도 있을 수 있다. 하지만 생산성 증가폭은 근로시간이 감소하는 폭보다 훨씬 크다. 오늘날 평균 노동시간은 1850년의 절반이지만 생산 가치는 25배 높다.

기술 발달로 대량 실직이 발생한 사례는 아직 없다. 사실상 새로 생겨나는 직업이 기술 발달로 사라진 직업을 대체하고도 남는 실정이다. 컴퓨터 시대에도 상황은 마찬가지다. 1970~2000년의 영국만 해도 산업분야에서 350만 개의 직업이 없어졌지만 같은 시기에 전체 취업 증가분은 640만 개였다. 직업 1,000만 개가 새로 생겨났다는 뜻이다. 이런 현상은 대부분의 서구 국가에서 보편적으로 발생했다. 1995년에 리프킨의 책이 발표된 후로 생겨난 세계적 추세는 리프킨의 주장을 뒷받침하지 않는다.

지금까지 러다이트와 네오러다이트의 주장은 틀렸다. 기계가 노동자를 모조리 대체하리라는 마르크스의 예측은 명백히 실현되지 못했다. 그렇다면 앞으로도 계속 그럴까? 칼 베네딕트 프레이Carl Benedict Frey와 마이클 오스본Michael Osborne(2013)은 미국 일자리의 47%가 자동화 때문에 사라질 위기에 있다고 주장한다. 대부분의 유럽 국가에서 해당 수치는 매우 비슷하지만, 저숙련 일자리의 비율이 더 높았던 과거 공산주의 국가에서 이 수치는 훨씬 높다. 프레이와 오스본의 글은 "과학"으로 치장한 많은 추측을 포함하고 있는데, 두 사람이 컴퓨터화의 영향을 과대평가한다고 믿을 만한 근거가 존재한다. 하지만 두 사람이 제시한 다음과 같은 일반적인 주장은 상당히 설득력을 갖추고 있다. '현재 일자리에서 컴퓨터는 점점 더 큰 점유율을 보일 것이다.' 그러면 디지털 기술을 보유한 노동자들에게 특권이 돌아가고, 국가 사이에 커다란 차이가 발생한다. 따라서 컴퓨터화가 미치는 영향에 대처하는 자원은 국가마다 크게 다를 것이다.

예를 들어, 운선 기사, 회계사, 사서, 사진 모델, 청소부는 가까운 미래에 일자리를 잃을 위험이 높다고 알려진 직업군이다. 프레이와 오스본은 미래의 노동량에 관해서는 자세히 언급하지 않고, 다만 자동화 때문에 특정 일자리가 사라질 수 있다고만 언급한다. 현재나 예측 가능한 미래에 자동화할 수 있는 업무의 종류는 물론이고 자동화를 원하는 업무의 종류가 과대평가되는 경향이 있다. 매장에 갔을 때, 우리는 영업사원에게 상담하고 싶을 때가 많다. 음식점에서 디지털 메뉴를 사용하기는 쉽겠지만, 손님들은 대부분 인간 웨이터와 대화하는 것을 여전히 선호한다. 미용사 일자리는 아웃소싱과 자동화가 힘들므로 여전히 수요는 있을 것이다. 컴퓨터는 업무를 명백한 절차로 구분할 수 있다는 점에서 분명히 인간보다 큰 장점을 갖췄다. 하지만 모든 업무가 그렇게 쉽게 나눠질 수 있는 것은 아니다. 자동화 때문에 일부 일자리가 사라지더라도, 컴퓨터와 로봇이 할 수 있는 업무에는 한계가 있으므로 종종 새 일자리가 생겨난다. 따라서 컴퓨터가 도입되면서 일자리가 파괴되기도 하지만 창출되기도 한다. 지금까지는 파괴된 일자리보다 창출된 일자리가 더 많았다.

퓨 리서치 센터Pew Research Center(2006)가 향후 10년을 어떻게 예측하는지 묻자 전문가 2,000명은 두 집단으로 갈렸다. 전체의 48퍼센트는 로봇과 디지털 에이전트가 많은 일자리를 대체하리라 대답했지만, 52퍼센트는 대체한 수 만큼의 일자리를 기술이 창출해내리라고 대답했다. 응답자의 절반은 기술 역사에서 이전 패턴이 반복되리라 믿지만, 나머지 절반은 현재 발생하는 일자리 파괴 규모가 엄청나서 역사적 패턴이 깨지고 기술 주도의 대량 실업이 발생하리라고 믿는다. 나는 변화가 그 정도로 극적일 것이라고 믿는 좀 더 보수적인 절반에 속한다. 변화는 극적으로 보일 수 있다. 새로운 기술이 도입되면 패자는 대부분 눈에 잘 띄지만, 승자(시간이 지나며 창출되는 새로운 일자리)는 눈에 띄기가 더욱 힘들다.

경제학자인 타일러 코웬Tyler Cowen(2013)은 현재 진행하는 기술 혁명이 중산층 규모를 축소하리라 주장한다. 코웬이 제시하는 각본에서 승자는 기계의 기술을 보완할 수 있는 기술을 보유한 사람들이다. 그의 추정에 따르면, 인구의 10~15퍼센트가 이러한 승자가 되지만 나머지는 임금이 하락하거나 정체할 것이다. 자동화 비용은 감소 추세에 있고 이런 현상이 임금에 압박을 가한다. 아마 고숙련 일자리는 이전보다 훨씬 높은 임금을 받을 것이고, 저숙련 일자리의 임금은 상대적으로 하락할 것이다. 그렇다고 해서 풍요의 시대가 반드시 끝나리라는 뜻은 아니다. 매우 많은 제품의 가격이 이전보다 저렴해지기 때문이다. 제품의 가격이 낮아지면 실질 임금의 정체를 보완할 수 있다.

우리가 현재 직면한 문제는 자동화가 지나치게 많은 것이 아니라 지나치게 적은 것이라는 주장이 나올 수 있다. 선진국에서 생산성 증가율이 감소하고 있는데, 많은 사람이 주장하듯 자동화의 영향이 강력하다면, 반대 현상 다시 말해 생산성이 과거보다 훨씬 증가하리라고 예상했을 것이다. 예를 들어 디지털 기술은 스마트폰을 통해 즉각적인 연결성을 제공하는 등 우리 삶에 막대한 영향을 미쳐왔지만, 대부분의 일자리를 그만큼 크게 바꾸지는 않았다. 자동화가 진행하면서 육체적으로 힘들고 위험하고 단조로운 일자리가 줄어들고 있으며, 이것은 아마 환영할 만한 발전일 것이다. 앞으로 일자리는 점점 더 자동화하면서, 역사 속으로 사라지는 일자리도 있고, 새로 창출될 일자리도 있을 것이다. 노동이 없는 세상이 곧 등장하지는 않겠지만, 노동이 줄어든 세상은 등장할 법하다.

현대인들이 맞이할 미래의 노동 시장을 합리적으로 평가할 수 있을지 의문이다. 현재로서는 앞으로 어떤 혁신이 일어날지 알 수 없기 때문이다. 앞으로 몇 년 안에 어떤 일자리의 수요가 많아질지 예측하기는 매우 어렵다. 노동 시장은 신속하게 바뀔 수 있다. 1980년대만 해도 웹디자이너들이 오늘날처럼 각광을 받으리라고 몇이나 예측했을까? 거의 없었다. 하지만 1990년대에는 웹디자이너가 사방에 널려 있다고 할 만큼 인기를 누렸다. 하지만 닷컴 거품이 터지자 많은 웹디자이너가 실직했다. '정말' 영화배우였다고 주장하는 웨이터들이 일하는 카페와 음식점에, '정말' 웹디자이너였다고 말하는 웨이터들이 합류하기 시작했다.

노동의 종말에 대한 사고는 새 기술의 도입에 초점을 맞추는 경향이 있다. 그러나 소매업 분야에 무엇보다 강력한 영향을 미친 기술 혁신은 바로 셀프 서비스 상점의 도입이었다. 이케이IEKA의 플랫팩 가구flat-pack*처럼 소비자가 집에서 조립해야 하는 상품이 늘

---

* 납작한 상자에 부품을 넣어서 파는 자가 조립용 가구 - 역주

어나고 있다. 내가 지난 15~20년 동안 이케아에서 구입해 조립했던 책장이 몇 개나 되는지, 아버지의 솜씨를 물려받지 못한 탓에 조립할 때마다 얼마나 많은 욕을 쏟아냈는지 궁금해진다. 어느 정도 선까지는 소비자가 생산자가 되므로 둘을 가르는 선은 불분명하다. 이런 현상이 실직으로 이어지리라 생각하는 사람도 있을 것이다. 소비자가 직접 일을 하게 되면서 공장과 상점에 필요한 직원의 수가 줄어들기 때문이다. 하지만 이런 우려와는 반대로 플랫팩 가구가 상대적으로 저렴하기 때문에 수요가 늘어나고 결과적으로 고용도 늘어나고 있다.

고용이 늘어날 가능성은 있지만 생산이 외부에서 이루어지기 때문에 정작 다른 곳의 고용이 증가하리라는 주장도 있을 수 있다. 하지만 아웃소싱으로 국내 임원의 수가 늘어나는 경우도 많다. 이런 현상은 특히 IT 분야에서 두드러졌다. 경제학자 나리만 베라베시Nariman Behravesh와 노벨상 수상자 로벤스 클라인Lawrence Klein은 아웃소싱 때문에 미국에 고용이 증가했고 근로자의 임금이 향상되었다고 주장했다.(Behravesh 2005) 기업은 일부 서비스를 아웃소싱으로 돌려서 임원의 고용을 늘릴 수 있는 자원을 얻는다. 예를 들어 델타 에어라인스Delta Airlines는 2003년 들어 1,000개의 콜센터 직업을 인도로 아웃소싱한 덕

분에 2,500만 달러를 절약했고, 미국 내에서 1,200만 명에 달하는 세일즈맨을 고용할 수 있었다.

여태까지는 노동의 종말을 예고하는 여러 경고가 일어나지 않고 있다. 대신에 국가마다 상당히 차이가 있기는 하지만 과거 수십 년 동안 놀라운 성장을 거듭하면서 새로운 직업이 끊임없이 생겨났다. 우리가 알고 있는 뜻을 지닌 노동이 어느 시점에 이르러 종말을 맞이할 가능성을 배제할 수는 없지만 곧 발생하지는 않으리라 확신한다.

『인간의 조건 The Human Condition』에서 한나 아렌트는 노동이 없는 인간 삶의 모습을 알지 못할 정도까지 현대사회가 노동을 예찬한다고 주장했다.

> 노동자 사회는 노동의 족쇄에서 해방되고 싶어 한다. 하지만 해방을 뒷받침하는 더욱 고귀하고 의미 있는 다른 활동이 무엇인지 알지 못한다.
>
> (1958: 5)

현대 문화에서 노동이 이념의 중앙을 차지한다는 아렌트의 주장에 이의를 제기할 수는 없다. 하지만 현대인이 노동에서 '해방'되리라는 주장만큼은 반대한다. 아렌트는 자신의 노동관에 지나치게 몰두한 나머지 노동이 사라지지 않고 변할 뿐이라는 사실을 보지 못했다. '노동의 종말'은 우리가 예측할 수 있는 미래에는 일어나지 않을 것이다. 노동은 계속 변화하기 때문에 오늘날 우리가 노동으로 여기는 많은 활동은 과거에서는 여가로 불렸을 깃이다. 그러나 우리가 그것을 노동으로 생각하는 한 미래에도 여전히 노동은 존재한다.

10
삶과 노동

삶과 노동

유명한 과학 철학자 폴 파이어아벤트Paul Feyerabend와 나 사이에는 한 가지 공통점이 있다. 이다음에 자라서 무엇이 되고 싶으냐는 질문에 똑같이 "은퇴하고 싶어요"라고 대답했다는 점이다. 내 눈에는 은퇴자들은 벤치에 앉아 딱히 하는 일 없이 삶을 즐기는 반면에 일하는 사람들은 분주하게 생활하지만 그다지 특권을 누리지 못하는 듯 보였다. 그러나 은퇴할 수 있으려면 실제로 정말 오랫동안 일해야 한다는 말을 듣고 크게 실망했던 기억이 난다. 파이어아벤트는 자서전 『킬링 타임Killing Time』에서 "그리고 가까스로 나의 어린애 같은 소망이 현실이 되었다. 은퇴자가 되었던 것이다"(1995: 168)라고 썼다. 그러나 이 말에는 회한의 감성이 담겨 있다. 더 이상 삶의 목표가 많지 않음을 한탄하고 새로 얻은 자유로 무엇을 할지 갈피를 잡지 못했기 때문이다. 내가 은퇴하려면 아직 30년 정도가 남았으므로 그때 어떤 삶을 살지 분명하게 알 수는 없다. 물론 매일 쉬지 않고 일할 필요가 없었으면 좋겠다는 꿈이 실현될 날이 오겠지만 쉽게 지루해질 것이다.

제레미 벤담은 "노동을 적절한 의미로 해석하면, '노동을 향한 사랑'은 모순이다"라고 썼다. 물론 노동을 사랑할 수 있지만 문제가 될 여지가 있다. 자신의 직업을 너무나 사랑한 나머지 이보다 훨씬 중요한 요소를 보지 못할 수 있기 때문이다. 이는 나의 직접 경험에서 우러난 말이기도 하다. 2년 동안 나는 무엇보다 일을 사랑했다. 적어도 나의 우선순위가 무엇이었는지 되돌아보면 그랬지만, 실제로 그런 현상이 벌어지고 있을 때는 전혀 알아차리지 못했다. 4년 동안 장학금을 받게 된 덕택에 칸트의 해석론을 주제로 논문을 쓰게 된 것이 발단이었다. 나는 정말 열심히 일해서 장학금 수혜 기간이 끝나기 몇 달 전에 논문을 완성할 수 있었다. 논문을 끝내고 너무 기분이 좋아서 앞으로 몇 달 동안은 아무 일도 하지 않고 지내겠다고 결심했다. 하지만 '아무 일도 하지 않는' 일상이 순식간에 괴로워져서 견딜 수가 없었다. 너무 무료했던 나는 수시로 밀려오는 공허함을 물리치고 싶다는 이유만으로 권태를 다룬 책을 썼다. 의외로 책에 대한 평판이 좋아서 인터뷰와 강의를 하느라 너무 바빠졌기 때문에 무료할 시간이 없었다. 그런데 인터뷰를 하러

이곳저곳 다니며 강연하는 일정에 익숙해지자 다시 싫증을 느꼈고 집 책상에 앉아 글을 쓰고 싶은 마음이 간절해지기 시작했다. 그 후로도 쉬지 않고 열심히 일해서 5년 동안 7권의 책을 출간했고, 대학 조교수에 임명되었으며, 《노르웨이철학학술지Norwegian Journal of Philosophy》 편집인이 되었다. 또한 대학 외부에서 매주 강연하고, 텔레비전 토크쇼의 공동 사회자로 활동하면서 인터뷰도 자주 하게 되었다.

진짜 일 중독자의 이야기처럼 들린다. 여기서 문제는, 이런 모든 활동이 대체적으로 만족을 안겨준다 하더라도 다른 현상처럼 노동도 반사 이익이 줄어든다는 점이다. 그토록 많이 일했다는 말은 가족이나 친구와 더불어 보낸 시간이 그만큼 줄어들었다는 뜻이다. 하지만 결국 내게 어떤 직업보다 중요한 것은 가족과 친구였다. 나는 일 중독자로 지내면서도 여전히 가족과 친구를 일보다 우선시한다고 믿었다. 하지만 일상에서 진정한 우선순위는 정반대였다. 진실이 명확하게 드러나면서 나는 일의 양을 상당히 줄여야 했다. 일을 쉬지는 않았지만 평균 노동시간보다 약간 많은 정도로 일의 양을 줄였고, 내게 적절하다고 생각되는 노동시간을 지금까지 유지하고 있다. 하지만 여전히 프로테스탄트 노동 윤리에 젖어 있어서 일하는 시간을 상당량 줄이면 강한 죄책감에 시달린다. 일은 어전히 중요하지만, 일 때문에 삶의 다른 중요한 요소들이 가려지게 하지는 않을 작정이다.

오늘날 노동 시장의 관점에서 보면 나는 이상적 근로자가 아니다. 이상적이고 융통성 있는 근로자의 특징은 '저항 제로$^{zero\ drag}$'다. 저항 제로는 내가 1999년도에 처음 접했던 다소 새로운 표현이다.

> 모든 것이 더욱 빨라지면서 저항 제로가 바람직한 요소로 떠올랐다. 한참 동안 구직자들은 면접을 볼 때 농담반 진담반으로 자신의 '저항 계수'에 대한 질문을 받았다. 샌프란시스코에서 사무실까지 출퇴근하는 데 1시간이 걸리므로 샌프란시스코 소재 아파트의 저항 계수는 1이었다. 배우자의 저항 계수는 1이고, 자녀는 한 명당 0.5였다.
> (Bronson 1999)

'저항 제로' 직원은 젊고 미혼이고 자녀가 없는 동시에 나이 든 부모를 부양할 책임이 없어서 회사가 필요로 할 때 언제든 자신의 시간을 투자할 수 있다. 직원의 여가 대부분을 차지하는 일을 덜어주어 '저항 제로'를 만들려는 목적으로 숙소, 테이크아웃 음식, 세탁 등의 서비스를 제공하는 기업이 점차 늘고 있다. 그러면 직원들은 회사가 자신이 속한 주요 사회라고 생각하게 된다. 기업이 기업 사다리의 아래에 있는 직원보다 중간 및 상층에 있는 경영진에게 훨씬 많은 서비스를 제공한다는 사실을 눈여겨 봐야 한다. 회사가 진정에서 우러나 이런 선행을 할 이유는 거의 없다. 이런 서비스를 제공하면 직원이 사무실에 한두 시간 더 머물 수 있으므로 자연히 생산성이 향상되리라 생각하기 때문이다. 회사가 직원을 '배려'하는 이유는 수익 창출에 도움이 되기 때문이다. 수익 창출은 완전히 정당한 동기지만, 진정한 동기인지에 대해서는 솔직한 태도를 지녀야 한다. '저항 제로' 직원이 되려면 사무실을 벗어나서는 친구도 없어야 한다고 말할지 모른다. 그래야 시간을 회사에 온전히 투입할 수 있기 때문이다. 물론 함께 일하는 사람이 친구라면 훨씬 좋을 것이다. 하지만 그들은 대부분 절친한 친구가 아니다. 〈더 오피스〉에서 팀은 이렇게 말했다.

> 당신이 함께 일하는 사람은 어쩌다 보니 함께 내동댕이쳐진 거야. 당신은 그들을 모를 뿐 아니라 함께 일하게 된 것도 선택의 결과가 아니라는 뜻이지. 그들과 보내는 시간이 친구나 가족과 보내는 시간보다 많아. 하지만 공통점이라고는 고작해야 하루 8시간동안 같은 카펫을 밟고 걸어 다닌다는 것뿐이야. (Gervais & Merchant 2003)

하지만 진정한 '저항 제로' 근로자가 일하는 시간은 하루 8시간이 아니라 15시간이다.

직업과 취미, 일과 여가의 구분을 없애면 일이 중심축이 되어 삶 전체가 일을 중심으로 돌아간다. 직장이 제2의 가정이 되거나 심지어 가장 편안한 장소가 된다. 또한 삶에 필요한 의미의 대부분을 직업에서 얻는 것처럼 보인다. 실제로 이런 직업을 찾았다고 믿는다면 삶에서 진정으로 중요한 요소를 보지 못하고 있을 것이다. 의미의 특정 근원이 다른 근원 전체를 지배할 위험성은 늘 있게 마련이다. 삶의 목적과 자존감을 세우기 위해 노동의 가치를 인정하는 태도와 노동 자체가 삶의 정수가 되는 극단적인 상황은 매우 다르다. 토마스 칼라일의 다음과 같은 말을 믿어서는 안 된다.

> 자기 일을 발견한 사람은 복 받은 사람이다. 그러니 다른 축복을 구하라고 말하지 마라. 그 사람에게는 일, 다시 말해 인생의 목적이 생겼다. 그는 목적을 찾았고 그 목적을 좇을 것이다!
>
> ([1843] 1965: 197)

하지만 나는 삶에서 일이 가장 중요하다고 믿는 사람들은 불행하다고 말하고 싶다.

삶에서 행복을 추구한다면, 행복이 인간 자체를 목적으로 삼는 유일한 요소라고 주장한 아리스토텔레스의 말이 진리라면, 아마도 노동은 우리의 행복 추구에서 중요한 역할을 차지할 것이다. 임금 인상과 승진 등은 우리의 전반적인 만족에 거의 영향을 미치지 않는다. 노동의 외면적 재화보다 내면적 재화가 훨씬 중요해 보인다. 하지만 노동의 내면적 재화에 몰두한 나머지 노동이 너무나 만족스러운 활동이 되면 매우 곤란한 상황에 빠질 수 있다. 심지어 오늘날처럼 변화무쌍하고 종잡을 수 없는 사회에서도 노동은 몇 가지 점에서 다른 활동보다 안정되고 신뢰할 만하다. 예를 들어 통계로 나타나는 실직 가능성은 이혼 가능성보다 훨씬 낮다. 직업의 요구사항이 배우자보다 훨씬 적을 수 있다는 뜻이다. 적어도 사무엘 핍스 Samuel Pepys는 그렇게 생각하고 1668년 11월 7일 일기에 이렇게 썼다.

> 아침에 일어나 오전 내내 사무실에 있었다. 저녁 식사를 하고 다시 사무실에 가서 늦게까지 바쁘게 일했다. 집에 가서 아내 때문에 괴로워하느니 차라리 계속 일하기로 했다.
>
> (Thomas 1999: 159)

핍스는 소문난 일 중독자였다. '일 중독자workaholic'는 1968년 웨인 오츠Wayne Oates 목사가 쓰기 시작한 용어다. 매우 근면한 작가이자 침례교 목사였던 오츠는 가족에게 거의 시간을 할애하지 않았다. 어느 날 다섯 살짜리 아들이 아버지를 보기 위해 시간 약속을 하고 싶다는 메모를 보냈다. 아들의 메모를 받아든 오츠는 자신의 생활방식이 잘못되었다는 사실을 깨달았다. 오츠는 1971년『어느 일 중독자의 고백 Confessions of a Workaholic』이라는 책을 펴내면서 일 중독자라는 단어를 처음 사용했다. 하지만 결국 타인에게 좋은 본보기가 되지는 못했다. 1999년 사망할 때까지 책을 57권이나 썼기 때문이다.

　일 중독자에게 일은 목적 달성의 수단이라기보다 그 자체가 목적으로 보인다. 일 중독자에게는 모든 것이 직업을 중심으로 돌아간다. 그렇다면 중독자와 '정상인'의 차이는 무엇일까? 중독의 성격에 따라 다르지만 모든 중독의 일반적 특징은, 마약 중독이든 섹스 중독이든 일 중독이든 중독 대상이 삶에 의미를 부여하는 주요 원천이라는 점이다. 따라서 모든 것이 중독의 대상을 중심으로 돌아간다. 영화〈트레인 스포팅 Train spotting〉(1996) 주인공은 보통 사람의 삶은 이런저런 문제로 가득하지만 마약 중독자는 모든 문제를 하나의 커다란 문제로 줄인다고 말했다. 그런 점에서 일 중독자는 마약 중독자와 크게 다르지 않다.

노동보다 더 큰 행복을 안겨주는 활동은 많다. 이런 사실을 무시했던 유명한 예를 문학작품에서 찾아보면, 레프 톨스토이Lev Tolstoy의 소설 『이반 일리치의 죽음The Death of Ivan Ilyich』(1886)을 들 수 있다. 주인공 이반은 직장에서 자신에게 주어진 공식 업무에 전념한다. 결혼을 하고 나서는 결혼 때문에 직장 생활이 엉망이 되지 않을까 전전긍긍한다. 소설은 슬프게 끝을 맺는다. 죽기 전에 그는 스스로 삶을 허비했다는 사실을 깨닫는다. 일에 전적으로 몰두했던 탓에 너무나 많은 것, 특히 타인과의 긴밀한 관계를 놓치고 만 것이다.

인간의 삶은 혼란스러우면서도 풍부하고 다면적이다. 이렇듯 광범위한 가능성을 보이는 동물은 인간뿐이다. 비록 완벽하고 자신에게 딱 맞아 보이는 직업을 발견하더라도 직업 자체는 인간 존재 전체로서의 우리와 관계를 맺지 못한다. 분명히 인간 삶에는 노동 이외에도 더 많은 요소가 필요하기 때문이다. 노동이 곧 삶은 아니다.

대부분의 사람은 직업에 완전하게 만족하지 못하고, 이런 사실만으로도 불행을 느낄 수 있다. 그룹 더 스미스The Smiths에서 모리세이Morrissey가 노래했듯이 말이다.

나는 직업을 찾고 있었어. 그래서 직업을 찾았지.
하늘도 알아. 내가 이제 불행하다는 걸.

(Morrissey & Marr 1984)

인간은 직업에 대해 완전히 비현실적인 기대를 품고 있다. 더 이상 정신적 구원을 찾지는 않지만 완전한 행복을 추구한다. 하지만 행복은 추구해야 하는 것이 아니라 마땅히 누려야 하는 것이다. 누구든 완전한 행복을 깨닫지 못하는 사람은 기본적으로 패배자다. 프랑스 철학자 파스칼 브뤼크너Pascal Bruckner는 현대인은 완전한 행복을 인식하지 못한다는 이유만으로도 불행을 느끼는 최초의 사회에 살고 있다고 지적했다(2000: 76). 완전한 행복은 완전히 비현실적인 이상이고, 우리는 이런 상태에 도달하지 못했을 때 비참해진다. 따라서 살아가면서 불행을 느낀다면 직업 자체가 아니라 직업에 대한 기대에 문제가 있을 가능성이 크다.

때로는 자기 직업에 싫증을 느낄 것이다. 문제는 이런 권태를 인정하고 이와 더불어 생활할 수 있느냐다. 조지프 브로드스키Joseph Brodsky에 따르면, "당신은 자기 일, 친구, 배우자, 연인, 창문으로 내다보는 광경, 방에 있는 가구나 벽지, 자기 생각, 자기 자신에게 싫증이 날 것이다"(1996: 109) 이런 권태에서 벗어나기 위해 직업을 바꾸고 친구, 배우자, 벽지, 아파트를 바꾸고 다시 시작한다. 그래서 삶은 시작의 연속이 된다. 인간의 삶을 구축하는 것은 니체Nietzsche의 주장대로 '같은 요소의 영원한 순환'이 아니라 월터 벤자민 Walter Benjamin이 묘사한 '새로운 요소의 영원한 순환'이다.(1991: 677) 그러나 이것은 생활의 이상이 아니다. 브로드스키는 이렇게 썼다.

> 위자료를 충당할 수 있고 뒤죽박죽인 기억을 감당할 수 있다면 살아가면서 끊임없이 대안을 좇고 직업과 배우자 그리고 환경을 수시로 바꾸는 태도가 기본적으로 잘못된 것은 아니다. 이런 현상은 영화와 낭만 시에서 충분히 미화되고 있다. 하지만 마약 중독자가 매일 마약을 흡입해야 하듯 대안을 찾으려는 욕구에 하루 종일 매달리는 태도가 문제다.
>
> (1996: 109)

이런 생활방식을 선택한다면 자기 삶이 권태에 휘둘리고 만다. 권태를 피하기 위해 자기 시간을 모두 쓰기 때문이다. 또한 너무 높은 기대를 품으면 그 무엇에도 실망할 수밖에 없다. 실망은 시대를 전제로 한다. 따라서 기대 수준이 너무 높으면 실망할 가능성은 그만큼 커진다. 일이 삶의 궁극적 의미를 제공하리라 기대한다면 실망할 것이다. 사랑, 우정, 예술 등도 마찬가지다. 무엇에도 궁극적 의미는 없기 때문에 자체로 충분한 것은 없다.

그렇다고 냉소적인cynic 태도가 문제를 해결하지는 못한다. 원래 키니코스학파Cynics는 삶이 고달프다는 사실을 깨달았던 고대 그리스 철학자들로, 삶을 다루는 완벽한 방법을 찾았다고 믿었다. 키니코스학파의 철학을 한 마디로 정리하면, '정말 중요한 것은 없다'이다. 물론 그들의 생각은 완전히 틀렸다. 중요하지 않은 것은 없기 때문이다.

노동의 상황이 예전보다 훨씬 불안정하므로 평생한 직업에 종사하지 않는 등 노동에 온전히 의존해서 자아 개념을 파악하지 않는 것이 현명하다. 하지만 그렇게 되면 일에 무관심해질 수 있고, 결과적으로 수입을 얻는 것 외에는 일이 삶에 그다지 기여하지 못한다. 나는 우리가 일에 헌신해야 한다고 생각한다. 일에 헌신하는 태도가 노동의 진정한 의미를 깨닫는 진제 조건이기 때문이다, 하지만 노동을 삶에 의미를 부여하는 근원의 하나로 생각해야 한다. 우디 앨런Woody Allen은 "나는 내 일을 통해 불멸을 이루고 싶지 않다. …… 불멸은 죽지 않음으로써 이루고 싶다"라고 말했다. 불멸은 선택 사항이 아니기 때문에 불멸보다는 균형이 잘 잡힌 삶처럼 약간 규모가 작은 목표를 세워야 한다.

서문에 썼듯이 이 글은 특정 노동관을 지지하지 않았고, 노동과 관계를 맺는 방식을 제시하지도 않았다. 그럼에도 일정한 노동관이 부상했다. 이런 노동관에 따르면, 현대인은 과거 사람들과 비교해서 그다지 열심히 일하지 않지만 물질적 부를 더욱 풍부하게 누리고, 노동에 대한 기대는 정점에 달해 있다. 비트겐슈타인은 철학을 "자신에 대한 작업, 자기 개념에 대한 작업, 사람이 사물을 보는 방식에 대한 작업"으로 정의했다.(1998: 12) 나는 일반적으로 노동에 대한 현대인의 기대치가 너무 높다고 생각한다. 더욱 구체적으로는 자신의 삶에 필요한 의미를 노동에서 얻어야 한다고 기대한다. 아마도 이런 기대가 충족되지 않아 현대인은 방황하며 이런저런 직업을 전전할 것이다. 그렇게 되면 직업보다 중요한 요소를 모조리 무시해 버리는 위험에 빠져 불행해지고 만다. 인간과 노동의 관계를 완벽하게 묘사한 예를 오스카 와일드의『윈더미어 부인의 부채 Lady Windermere's Fan』에서 찾아볼 수 있다.

> 이 세상에는 오직 두 가지 비극만이 있다. 하나는 사람이 원하는 것을 얻지 못하는 비극이고, 또 다

른 하나는 사람이 원하는 것을 얻는 비극이다. 두 번째 비극이 훨씬 나쁜 진짜 비극이다!

([1982] 1997: 519)

그러나 자신의 노동하는 삶을 비극이라고 말할 사람은 없다. 물론 노동을 저주로 생각하는 사람도 있고 축복으로 생각하는 사람도 있지만, 우리 대부분이 가지고 있는 노동관에는 저주와 축복의 개념이 모두 조금씩 들어 있다. 노동의 개념은 매우 짧은 시간에 크게 변화했고, 노동이 자기 삶과 어느 정도 관련이 있는지는 스스로 판단해야 한다.

참 고
문 헌

　이 책에 수록한 많은 짧은 글과 인용문은 키스 토마스Keith Thomas가 편집한 『옥스퍼드 노동서The Book of Work(1999)』에서 찾아볼 수 있다. 상당히 다양한 출처(소설, 철학, 신학, 사회과학 등)에서 인용한 좀 더 긴 노동 관련 글들은 길버트 메일렌더Gilbert C. Meilaender가 편집해서 출간한 『노동Working(2000)』에서 참조할 수 있다. 노동에 관한 일부 현대 철학 글은 코리 샤프Kory Schaff가 편집해서 출간한 『철학과 노동의 문제Philosophy and the Problems of Work(2001)』에 수록되어 있다. 이 세 권의 책은 노동에 관한 주제를 더욱 깊이 연구해보고 싶은 독자들에게 적극적으로 추천한다. 최근에 진행된 노동 관련 연구를 개괄하려면 키스 그린트Kieth Grint가 편집한 『노동과 사회Work and Society(2001)』를 참조하라. 그린트가 저술한 『노동의 사회학The Sociology of Work(2005)』도 추천한다. 스티븐 애크로이드Stephen Ackroyd와 동료들이 집필한 『노동과 조직에 관한 옥스퍼드 안내서The Oxford Handbook of Work and Organization(2005)』는 다양한 범위의 주제와 관점을 담고 있다.

오늘날 노동을 올바로 이해하려면 노동의 역사적 발전을 먼저 이해해야 하는데, 리처드 돈킨Richard Donkin은『피와 땀, 눈물Blood, Sweat & Tears(2001)』에서 이 점을 탁월하게 설명한다. 최근 몇 년 동안 발표된 최고의 철학 에세이 중 하나인 러셀 뮤어헤드Russell Muirhead의『정당한 노동Just Work(2004)』은 고대 그리스부터 오늘날까지 인간인 우리와 우리의 노동 생활 사이의 "적합성"을 조사한다. 알 지니Al Gini가 쓴『나의 직업, 나의 자아My Job, My Self(2001)』는 최고의 철학 이론과 사회 이론을 결합해서, 노동이 인간 삶에서 차지하는 현대적 역할을 꿰뚫는 풍부한 통찰력을 독자에게 제공한다. 지니의 책이 제시하는 노동관은 내가 이 책에서 시도한 것보다 약간 더 암울하다. 따라서 지니가 속편으로『게으름의 중요성The Importance of Being Lazy(2003)』을 써서 비노동을 다룬 것은 그다지 의외가 아니다. 게으름에 관해 살펴보고 싶다면 톰 호지킨슨Tom Hodgkinson이 쓴『게을러지는 방법How to Be Idle(2005)』도 적극적으로 추천한다. 노동과 삶의 균형에 관한 가장 흥미로운 연구로는 앨리 러셀 혹실드Arlie Russell Hochschild가 쓴『시간 속박The Time

Bind(2000)』도 있다.

사람들은 대부분 지난 수십 년 동안 노동 개념이 크게 바뀌었다는 데 동의할 것이다. 하지만 많은 문헌을 살펴보면 이러한 변화의 정도를 과장하는 경향도 존재한다. 이러한 과장들에 대한 훌륭한 대항 수단을 살펴보려면 해리엣 브래들리Harriet Bradley와 동료들이 쓴 『직장에서의 신화Myths at Work(2000)』를 참조하라. 자동화가 노동의 미래에 어떻게 영향을 미칠지를 다룬 흥미로운 논의를 살펴보려면, 타일러 코웬이 쓴 『평균의 종말Average Is Over(2013)』을 참조하라. 또 그는 미래 노동 시장에서 불평등의 심화가 발생하리라고도 예측했다. 불평등의 원인과 결과를 좀 더 깊이 탐구하려면 앤서니 앳킨슨Anthony B. Atkinson이 쓴 『불평등Inequality(2015)』을 참조하라. 현대 세계에서 세계화는 노동에 막대한 영향을 미쳤으며, 로버트 플래너건Robert J. Flanagan은 자신의 저서 『세계화와 노동 조건Globalisation and Working Conditions(2006)』에서 세계화가 선진국과 개발도상국의 노동 조건에 영향을 미친 방식을 견고하게 설명한다.

소비주의가 노동과 인간의 관계를 어떻게 형성했는지 살펴보려면 폴 두 게이Paul du Gay가 쓴 『소비주의와 직장에서의 정체성Consumption and Identity at Work(1996)』을 참조하라. 이 점은 지그문트 바우만

Zygmunt Bauman이 『소비주의와 신흥 빈곤층Consumerism and the New Poor(2007)』에서 지적하는 핵심적인 내용이기도 하다. 하지만 바우만의 주요 관심은 소비자 사회에서 빈곤층이 겪는 곤경에 있다. 브링크 린제이Brink Lindsay는 『풍요의 시대The Age of Abundance(2007)』에서 현재 사회 상태를 훨씬 낙관적으로 전망하면서, 빈곤층을 포함해 우리가 인류 역사상 어느 때보다 물질적 풍요를 누리고 있다고 지적한다. 하지만 린제이가 현대 자본주의에 관해 지나치게 장밋빛 그림을 그리고 있다고 주장하는 사람도 많을 것이다. 그 중 한 사람인 리처드 세네트Richard Sennett는 『인격의 부식Corrosion of Character(1998)』과 『신자본주의 문화The Culture of the New Capitalism(2006)』등을 쓰면서, 현재의 다양한 자본주의는 인간의 정체성 자체에 중대한 결과를 초래해서 실제로 개인적인 정체성을 형성하려는 시도를 약화한다고 주장한다. 세네트는 『장인The Craftsman(2008)』에서 장인 정신을 훌륭하게 설명한다. 세네트의 주장에 동의하든 하지 않든 우리는 그의 저서에서 배울 것이 언제나 많다.

참고문헌목록

Aardman Animations (Producer), Nick Parks (Director.) 2003. Creature Comforts: The Complete Series I, Episode 3: Working Animals [DVD]. Momentum Pictures.

Ackroyd, S. et al. 2005. The Oxford Handbook of Work and Organization. Oxford: Oxford University Press.

Arendt, H. 1958. The Human Condition (『인간의 조건』, 한길사, 2002) Chicago, IL: University of Chicago Press.

Aristotle 1985a, Politics(『정치학』, 숲, 2009.), B, Jowett (trans.). In The Complete Works of Aristotle. vol. 2. Princeton, NJ : Princeton University Press.

Aristotle 1985b. Nicomachean Ethics(『니코마코스 윤리학』, 서광사, 2001), W, D. Ross (trans.). The Complete Works of Aristotle, vol. 2. Princeton. NJ: Princeton University Press.

Atkinson, A. B. 2015. Inequality. Cambridge MA: Harvard University Press.

Bales, K. 2012. Disposable People: New Slavery in the Global Economy, 3. rev. ed., Berkeley/Los Angeles/London: University of California Press.

Bauman, Z. 2004. Work, Consumerism and the New Poor (『새로운 빈곤』, 천지인, 2010), 2nd edn. Buckingham: Open University Press.

Behravesh. N. 2005. The Impact of Offshore Software and IT Service Outsourcing on the US Economy and the IT Industry. Boston, MA : Global Insight.

Benedict 1998. The Rule of Saint Benedict, T. Fry (trans.).
    New York: Vintage.
Benjamin, W. 1991. Zentralpark, Gesammelte Schifen Band I.
    Frankfurt : Suhrkamp.
Bentham, J. [1787] 1995. Panopticon. In The Panopticon
    Writings, M. Bozovic (ed.). London: Verso.
Bentham, J. 1983. Deontology. Together with a Table of the
    Springs of Action and Article on Utilitarianism Oxford:
    Clarendon Press.
Bradley, H., M. Erickson, C. Stephenson and S. Williams 2000.
    Myths at Work. Cambridge: Polity.
Braverman, H. 1974. Labor and Monopoly Capital:
    The Degradation of Work in the Twentieth Century.
    New York: Monthly Review Press.
Brodsky. J. 1996. On Grief and Reason: Essays. London:
    Hamish Hamilton.
Bronson, P. 1999. "Instant Company". New York Times
    (11 July) : 44-7.
Bruckner, P. 2000. Verdammt zum Gluck, Der Fluch der
    Moderne. Berlin : Aufbau Verlag.
Camus, A. [1942] 1991. The Myth of Sisyphus and Other
    Essays, J. O'Brien (trans.). New York : Vintage,
Carlyle, T. [1843] 1965. Past and Present, Boston. MA:
    Houghton Mifflin.
Chapman G. M. Palin, J. Cleese el al. 2001. The Monty
    Python's Life of Brian (of Nazareth): Screenplay.
    London: Methuen.
Chesterton, G. K. 1970. A Selection from His Non-Fictional
    Prose. London: Faber.
Cowen, T. 2013. Average Is Over: Powering America Beyond
    the Age of the Great Stagnation. New York: Dutton.
Csikszentmihalyi, M. 1990. Flow : The Psychology of Optimal
    Experience(『몰입 FLOW』, 한울림, 2005). New York:
    Harper & Row.

Donkin, R. 2001. Blood, Sweat & Tears: The Evolution of
	Work. New York: Texere.
Dostoyevsky, F. [1862] 1986. The House of the Dead
	(『죽음의 집의 기록』, 열린책들, 2010). D. McDuff (trans.).
	Harmondsworth: Penguin.
du Gay. P. 1996. Consumption and Identity at Work. Londo: Sage.
Dumont, J.-C., G. Spielvogel and S. Widmaier 2010.
	"International Migrants in Developed, Emerging and
	Developing Countries: An Extended Profile",
	OECD Social, Employment and Migration Working
	Papers No.114.
Ehrenreich, B. 2001. Nickel and Dimed (『빈곤의 경제』,
	청림출판, 2002). New York : Metropolitan Books.
Ferris. J. 2007. Then We Game to the End. London : Viking.
Feyerabend P. 1995. Killing Time(『킬링 타임』, 한겨레출판사,
	2009). Chicago, IL : University of Chicago Press.
Flanagan, R. J. 2006. Globalization and Working Conditions:
	Working Conditions and Worker Rights in a
	Global Economy. Oxford: Oxford University Press.
Florida, R. 2002. The Rise of the Creative Class: And How It's
	Transforming Work, Leisure. Community and
	Everyday Life(『CREATIVE CLASS』, 전자신문사. 2002).
	New York: Basic Books.
Ford, H & S. Crowther [1922] 2003. My Life and Work
	(『고객을 발명한 사람 헨리 포드』, 21세기북스, 2006).
	Whitefish, MT: Kessinger.
Franklin. B. 1987. Writings. New York: Library of America.
Frey, C. B. and M. A. Osborne 2013. The Future of Employment:
	How Susceptible Are Jobs to Computerisation.
	Oxford Martin School.
	www.futuretech.ox.ac.uk/sites/futuretech.ox.ac.
	uk/files/The_Future_of_Employment_OMS_Working_
	Paper_1.pdf (accessed August2015).
Galbraith. J. K. 1958. The Affluent Society(『풍요로운 사회』
	한국경제신문사, 2006). New York : Mariner Books.

Gersemann, O. 2005. Cowboy Capitalism: European Myths about the American Reality. 2nd edn. Washington, DC: Cato Institute.

Gervais. R. & S. Merchant 2003. The Office : The Scripts. London : BBC Books.

Gini, A. 2001. My Job. My Self : Work and the Creation of the Modern Individual (『일이란 무엇인가』, 들녘, 2007). London : Routledge.

Gini. A, 2001. The importance of Being Lazy : In Praise of Play. Leisure and Vacations. London : Routledge.

Grint, K. (ed.) 2001. Work and Society : A Reader, Cambridge : Polity.

Grint, K. 2005. The Sociology of Work. 3th edn. Cambridge : Polity.

Hegel, G. W. F. [1821] 1986. Grundlinien der Philosophie des Rechts (Werke 7). Frankfurt : Suhrkamp.

Herodotus 1996. Histortus, C. Rawlinson (trans.), Ware: Wordsworth Classics.

Hesiod 1999. Works and Days. Theogony, Works and Days. M. l., West(trans.). Oxford : Oxford University Press.

Hobbes. T. [1657] 1991. De Homine. Man and Citizen: De Homine and De Cive. C. T. Wood et al. (trans.). Indianapolis, IN: Hackett.

Hochschild. A. R. 2000. The Time Bind: When Work Becomes Home and Home Becomes Work, 2nd edn. New York : Henry Holt.

Hodgkinson, T. 2005. How to be idle(『게으름을 떳떳하게 즐기는 법』, 청림출판, 2005). Harmondsworth: Penguin.

Hughes. T. P. 2004. American Genesis : A Century of Invention and Technological Enthusiasm 1870-1970, 2nd edn, Chicago, IL : University of Chicago Press.

Huwart, J.-Y. and Verdier, L. 2013. Economic Globalisation: Origins and Consequences. OECD Publishing.

Huxley. A. 1932. Brave New World(『멋진 신세계』, 소담출판사, 1997). London : Chatto & Windus.

Jacobellis v. Ohio (1964) http://caselaw.findlaw.com/us-supreme
    -court/378/184.html(accessed November 2015).
James, W. 1915. The Will to Believe and Other Essays in
    Popular Philosophy. New York : Longman, Green.
Jensen, J. B. 2001. "Fremtidens arbejdsbegreb". CopenhageN:
    Copenhagen Institute for Futures Studies.
Johnson, M. 1986. "Slow Train to Dawn" [The The]. On Infected
    [CD]. ⓒ Complete Music Ltd/CBS Inc./Epic Inc.
Johnson. S. [1758] 2003. The Idler, his Selected Essays.
    Harmondsworth : Penguin.
Kant. I. [1785] 1998. Groundwork of the Metaphysics of
    Morals, M. Gregor (trans.). Cambridge:
    Cambridge University Press.
Kant. I [1798] 1902. Anthropologic in pragmatischer Hinsicht,
    Kants gesammelte Schriften, vol. VII. Berlin : de Gruyter,
Kant, I. [1803] 1902. Padagogik. Kants gesammelte Schriften.
    vol, VII. Berlin: de Gruyter.
Kant, I. 2001. Lectures on Ethics, P. Heath (trans.).
    Cambridge: Cambridge University Press.
Keynes, J. M. [1930] 1963. Essays in Persuasion
    (『설득의 경제학』, 부글북스, 2009). New York : Norton.
Keynes. J. M, [1923] 2000. A Tract on Monetary Reform.
    Amherst, NY : Prometheus,
Kunde, J. 2000. Corporate Religion. London : Financial Times
    - Prentice Hall.
Lafargue, P. [1883] 1999. The Right to be Lazy. L. Bracken
    (trans.), New York : Filth Season,
Lane, R. E. 2000. The Loss of Happiness in Market
    Democracies. New Haven, CT: Yale University Press.
Lenin, V. I. [1910] 2001. Left-Wing Communism: An Infantile
    Disorder. Honolulu, HI: University Press of the Pacific.
Lenin. V. I. [1913] 1968. "A 'Scientific' System of Sweating".
    Collected Works. vol. 18, 4th edn. Moscow:
    Progress Publishers.

Lenin. V. I, [1914] 1968. "The Taylor System – Man's
　　　Enslavement by the Machine" Collected Works,
　　　vol. 20, 4th edn, Moscow : Progress Publishers.
Lindsay, B. 2007. The Age of Abundance : How Prosperity
　　　Transformed America's Politics and Culture.
　　　New York: Collins.
Luther, M [1520] 1915. Prelude on the Babylonian Captivity of
　　　the Church. Work of Martin Luther with Introductions
　　　and Notes. Philadelphia: A. J. Holman.
Malachowski, D. 2005. "Wasted Time At Work Costing
　　　Companies Billions".
　　　www.salary.com/careers/layouthtmls/crel_display_
　　　nocat_Ser374_Par555.html (accessed July 2008).
Marshall, A [1890] 1907. Principles of Economics
　　　(『경제학 원리』, 한길사, 2010). London: Macmillan.
Marx, K. [1844] 1994. "From the Paris Notebooks".
　　　Marx: Early Political Writings, J. O. Malley (trans.).
　　　Cambridge, Cambridge University Press.
Marx, K. [1845] 1994. The German Ideology.
　　　Marx: Early Political Writings, J. O. Malley (trans,).
　　　Cambridge : Cambridge University press.
Marx. K. [1867] 1976. Capital : Volume 1: A Critique of
　　　Political Economy. B. Fowkes (trans.).
　　　Harmondsworth: Penguin.
Marx, K. [1875] 1996. Critique of the Gotha Programme.
　　　Marx: Later Political Writings, T. Carver (trans.).
　　　Cambridge : Cambridge University Press.
Marx, K. [1894] 1993. Capital: Volume 3: A Critique of Political
　　　Economy. D. Fernbach(trans). Harmondsworth: Penguin.
Meilaender, G, C. (ed.) 2000. Working : Its Meaning and Its
　　　Limits. Notre Dame, IN : University of Notre Dame Press.

Migration Advisory Committee 2014. Migrants in low-skilled work: The growth of EU and non-EU labour in low-skilled jobs and its impact on the UK. July 2014. www.gov.uk/government/uploads/system/uploads/attachment_data/file/333083/MAC-Migrants_in_low-skilled_work_Full_report_2014.pdf (accessed August 2015).

Mill. J. S. [1850] 1984. The Negro Question, In The Collected Works of John Stuart Mill, Volume XXI – Essays on Equality, Law, and Education. Toronto: University of Toronto Press.

Morrissey, S. & J. Marr 1984. "Heaven Knows I'm Miserable Now"[The Smiths]. On Hatful of Hollow [CD]. ⓒ Warner BROS, Music Ltd.

Muirhead, R. 2004. Just Work. Cambridge, MA: Harvard University Press.

Nietzsche, F [1882] 2001. The Gay Science, J. Nauckhoff & A. Del Caro (trans). Cambridge: Cambridge university Press.

Nieizsche, F. [1886] 2001. beyond Good and Evil, J. Norman (trans). Cambridge: Cambridge University Press.

Nozick, R. 1974. Anarchy, State and Utopia. New York: Basic Books.

Oates, W. E. 1971. Confessions of a Workaholic. New York: World Publishing,

Orwell, G, [1933] 1972. Down and Out in Paris and London. San Diego, GA : Harvest.

Peters, T. 1982. In Search of Excellence. New York: Harper & Row.

Pew Research Center 2006, Public Says American Work Life Is Worsening, But Most Workers Remain Satisfied with Their Jobs. Washington, DC :

Pew Research Center. http://pewresearch.org/assets/social/pdf;/jobs.pdf(accessed July 2008).

Pew Research Center 2014. AI, Robotics, and the Future of Jobs. www.pewinternet.org/files/2014/08/Future-of-AI-Robotics-and-Jobs.pdf(accessed August 2015).

Pluto 1989a. Republic. P. Shorey (trans.). The Collected Dialogues of Pkito. Princeton, NJ : Princeton University Press.

Plato 1989b. Laws, A. E. Taylor(trans.). The Collected Dialogues of Piano,

Princeton, NJ : Princeton University Press.

Rifkin, J. 2004. The End of Work. The Decline of the Global Labor Forces and the Dawn of the Post-Market Era. New York. Tarcher/Penguin.

Robinson, J. & G. Godbey 1997. Time for Life: The Surprising Ways Americans Use Their Time, University Park. PA: Pennsylvania State University Press.

Russell, B. [1930] 1996. The Conquest of Happiness (『행복의 정복』 사회평론, 2005). New York: Liveright.

Sahlins, M [1972] 2003. Stone Age Economics London: Routledge.

Schaff, K. (ed.) 2001. Philosophy and the Problems of Work: A Reader;Lanham, MD: Rowman & Littlefield.

Schor, J. B. 1993. The Overworked American: The Unexpected Decline of Leisure. New York: Basic Books.

Seaford, R. 2004. Money and the Early Greak Mind. Combridge University Press.

Sennett, R. 1998. The Corrosion of Character: The Personal Consequences of Work in the New Capitalism. New York: Norton.

Sennett, R, 2006. The Culture of the New Capitalism (『뉴캐피털리즘』, 위즈덤하우스, 2009). New Haven, CT; Yale University Press.

Sennett, R. 2008. The Craftsman. New Haven, CT: Yale University Press.

Simmel, G. [1900] 1989. Philosophic des Geldes, Gesamtausgabe Band 6. Frank lint : Suhrkamp.

Smith, A. [1759] 1982. The Wealth of Moral Sentiments.
　　　　Glasgow Edition, vol. 1. Indianapolis, IN : Liberty Fund.
Smith. A. [1776] 1981, The Wealth of Nations
　　　　(『국부론』, 동서문화사, 2008). Glasgow Edition, vol. 2.
　　　　Indianapolis, IN : Liberty Fund.
Spencer, H. 1891. "A Speech: Delivered on the Occasion of a
　　　　Complimentary Dinner in New York, on November 9.
　　　　1882". Essays : Scientific. Political, and Speculative,
　　　　vol. 3. London: Williams & Norgate.
Taylor, F. W. [1911] 2007. Principles of Scientific Management
　　　　(『프레드릭 테일러 과학적 관리법』, 21세기북스, 2010).
　　　　Sioux Falls, SD: Envision Publications.
Tennant, N. & C. Lowe 1996, "To Step Aside"
　　　　[Pet Shop Boys]. On Bilingual [CD], Cage Music Ltd/
　　　　EMI 190 Music Ltd.
Thomas, K. (cd.) 1999. The Oxford Book of Work. Oxford:
　　　　Oxford University Press.
Tolstoy, L. [1886] 2004. The Death of Ivan Ilyich
　　　　(『이반 일리치의 죽음』, 작가정신, 2005). The Death of
　　　　Ivan Ilyich and Other Stories, T. C. B. Cook (trans).
　　　　Ware : Wordsworth Classics.
Toynbee, P. 2003. Hard Work : Life in Low-Pay Britain.
　　　　London : Bloomsbury.
Twain. M, [1876] 2006. The Adventures of Tom Sawyer
　　　　(『톰 소여의 모험』, 문학동네, 2010). Harmondsworth:
　　　　Penguin.
Veblen, T. [1899] 1998. The Theory of the Leisure Class
　　　　(『유한계급론』, 우물이 있는 집, 2005). Amherst,
　　　　NY: Prometheus.
Vonnegut. K. 1952. Player Piano. New York: Della.
Waddell, G. & A. K. Button 2006. Is Work Good for Your
　　　　Health and Well-Being? London: TSO.
Weber, M. [1905] 2002. The Protestant Ethic and the
　　　　Spirit of Capitalism. P. Baehr G. C Wells (trans.).
　　　　Harmondsworth: Penguin.

Whyte. W. H. 1956. The Organization Man. New York: Simon & Schuster.

Wilde. O. [1892] 1997. Lady Windermere's Fan (『윈더미어 부인의 부채』, 동인(종로), 2010). Collected Works of Oscar Wilde. Ware: Wordsworth Editions.

Wilde, O. [1891] 2001. The Soul of Man under Socialism. The Soul of Man Under Socialism and Selected Critical Prose. Harmondsworth : Penguin.

Wittgenstein. L. 1998. Culture and (『문화와 가치』, 책세상, 2006), 2nd rev edn, P. Winch (trans). Oxford: Blackwell.

Xenophon. 1994. Occonomicus : A Social and Historical Commentary, S. B. Pomeroy (trans). Oxford: Oxford University Press.

Young, A. 1771. The Famer's Tour through the East of England, vol. 4. London.

Young, N.(& J. Blackburn) 1979.""Hey Hey, My My (Into the Black)" [Neil Young and Crazy Horse]. On Rust Never Sleeps [CD].
ⓒ Reprise / Warner Bros, Music Ltd.